PIANO · VOCAL · GUITAR

POPULAR SHEET MUSIC

30 HITS FROM 2011-13

ISBN 978-1-4803-4528-7

HAL·LEONARD®
CORPORATION
7777 W. BLUEMOUND RD. P.O. BOX 13819 MILWAUKEE, WI 53213

Visit Hal Leonard Online at
www.halleonard.com

THE A TEAM

Words and Music by
ED SHEERAN

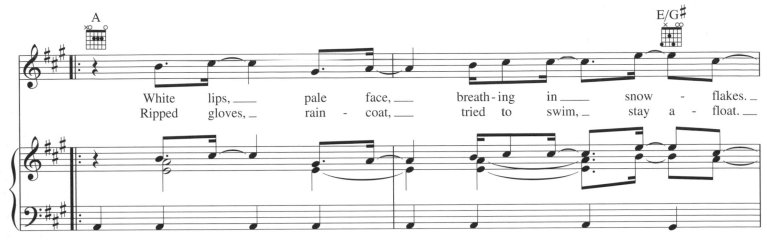

White lips, ___ pale face, ___ breath-ing in ___ snow - flakes. ___
Ripped gloves, ___ rain - coat, ___ tried to swim, ___ stay a - float. ___

___ Burnt lungs, ___ sour taste. ___ Light's gone, ___ day's end. ___
___ Dry house, ___ wet clothes. ___ Loose change, ___ bank notes. ___

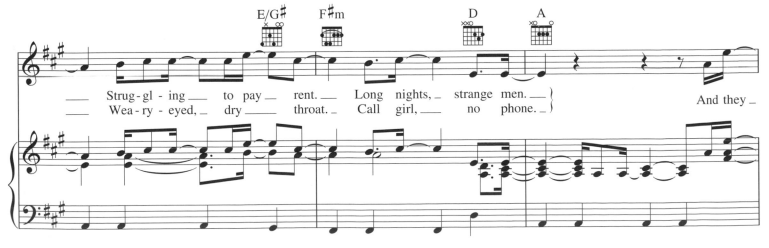

___ Strug - gl - ing ___ to pay ___ rent. Long nights, ___ strange men. ___ }
___ Wea - ry - eyed, ___ dry ___ throat. Call girl, ___ no phone. ___ }

And they ___

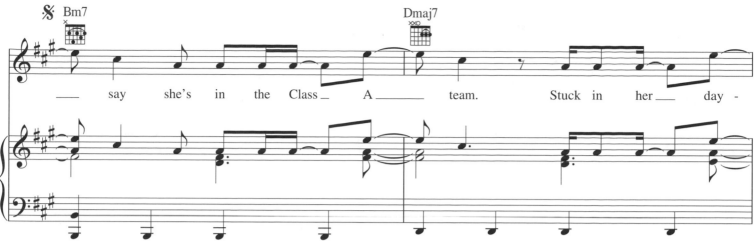

___ say she's in the Class ___ A ___ team. Stuck in her ___ day -

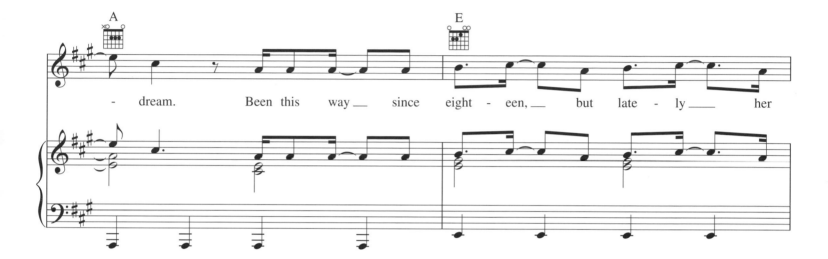

- dream. Been this way ___ since eight - een, ___ but late - ly ___ her

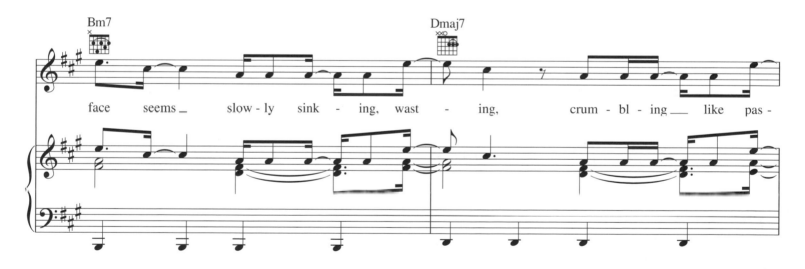

face seems ___ slow - ly sink - ing, wast - ing, crum - bl - ing ___ like pas -

- tries. ___ And they ___ scream: ___ The worst ___ things in ___ life come free to us, ___ { 'cause we're
{ (D.S.) and we're

just un-der the up-per hand ____ and go mad for a cou-ple grams. ____
all un-der the up-per hand ____ and go mad for a cou-ple grams. ____

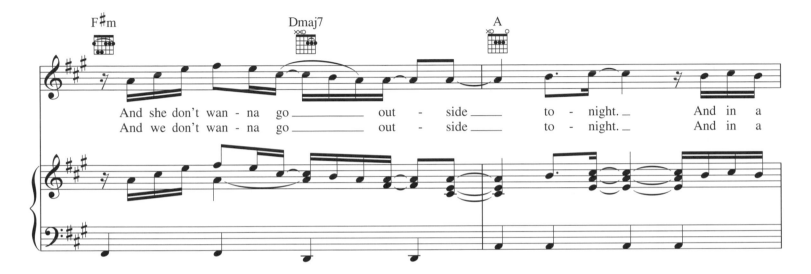

And she don't wan-na go ____ out - side ____ to - night. ____ And in a
And we don't wan-na go ____ out - side ____ to - night. ____ And in a

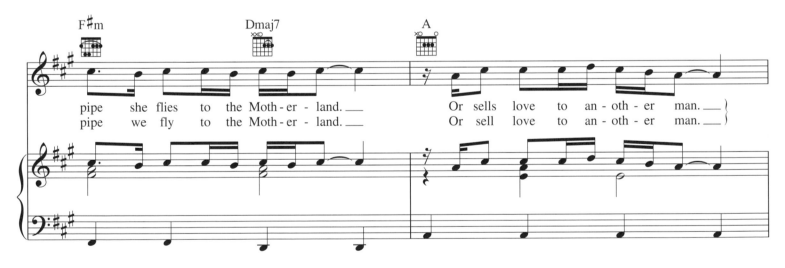

pipe she flies to the Moth-er - land. ____ Or sells love to an-oth-er man. ____ }
pipe we fly to the Moth-er - land. ____ Or sell love to an-oth-er man. ____ }

To Coda ⊕

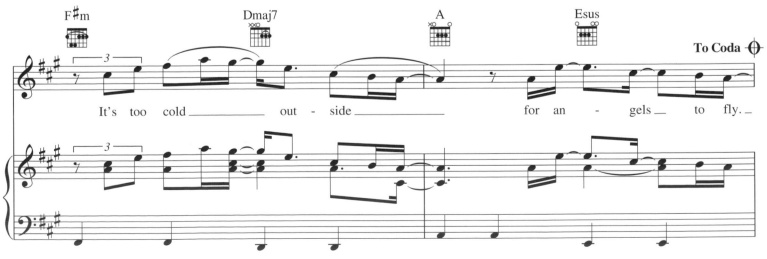

It's too cold ____ out - side ____ for an - gels ____ to fly. ____

For an - gels _ to fly. _____

_ That an - gel _ will die cov-ered in _ white.

Closed eyes, _ an' hop-in' for a bet-ter life _____ this _

_ time. We'll fade out to - night straight down the line.

D.S. al Coda

(Ooh. _____ Ooh. _____ Ooh. _____ Ooh.) _____ And they _

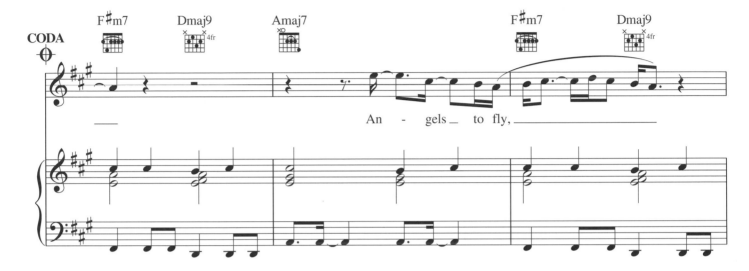

CODA

_____ An - gels _ to fly, _____

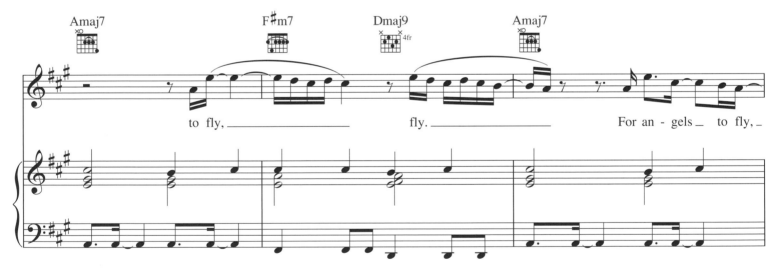

to fly, _____ fly. _____ For an - gels _ to fly, _

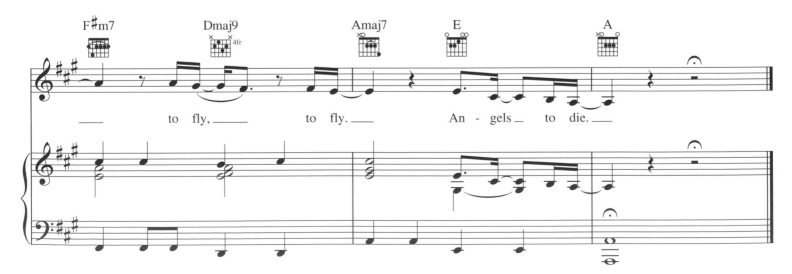

_____ to fly, _____ to fly. ____ An - gels _ to die. ____

DAYLIGHT

Words and Music by ADAM LEVINE,
MAX MARTIN, SAM MARTIN
and MASON LEVY

but it's late _____ and I'm try - ing not _ to sleep. _

'Cause I know _____ when I wake _____ I will have _

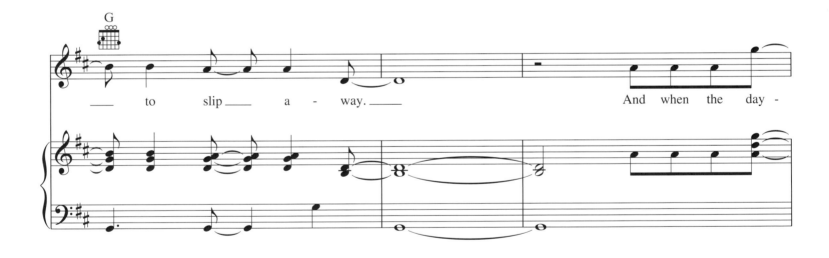

_ to slip _____ a - way. _____ And when the day -

- light _____ comes I'll have to go, but to - night _____ I'm gon - na hold you so _

close. 'Cause in the day - light _____ we'll be on our own, but to - night ___

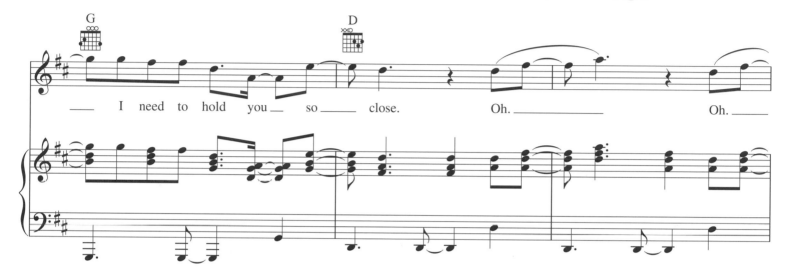

___ I need to hold you ___ so ___ close. Oh. _____ Oh. ___

___ ___ Oh. _____ Oh. ___

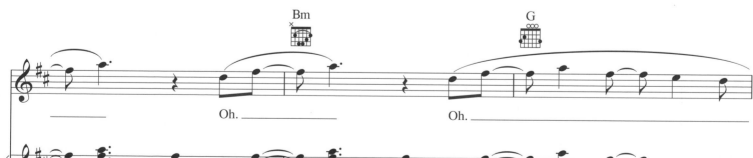

Oh. _____ Oh. _____

10

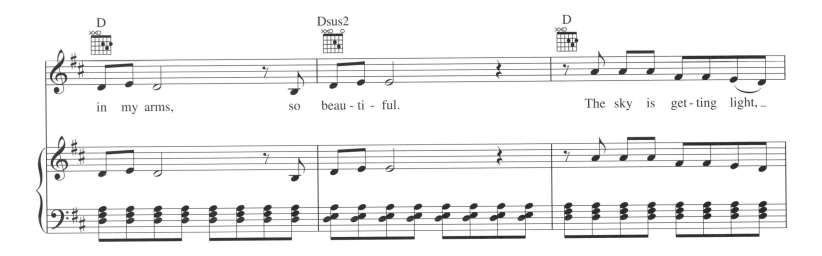

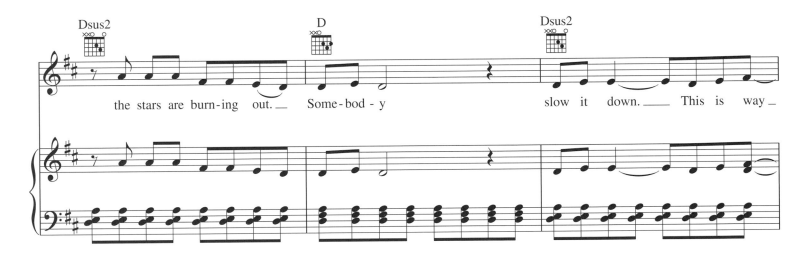

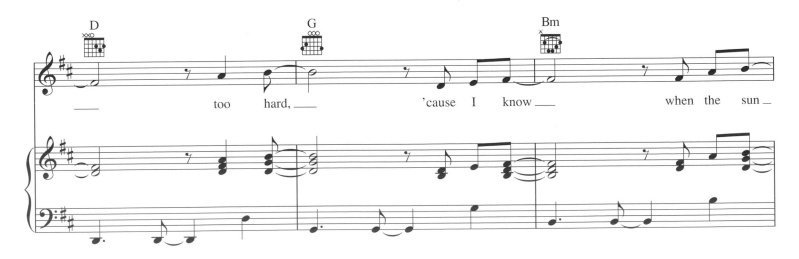

comes up ___ I will leave. ___ This is my ___ last ___ glance ___

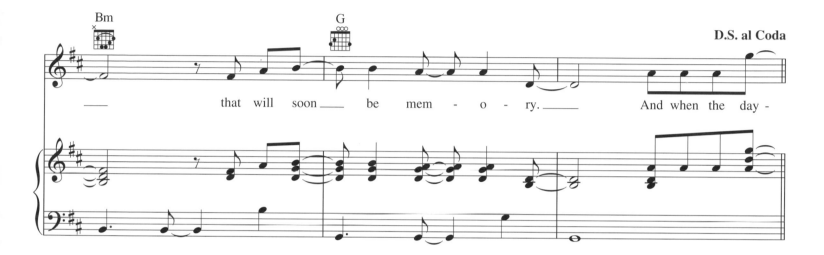

D.S. al Coda

___ that will soon ___ be mem - o - ry. ___ And when the day -

CODA

I nev-er want-ed to stop ___ be-cause I don't want to start ___ all o - ver, start ___

___ all o - ver. ___ I was a-fraid of the dark, ___ but now it's all that I want, ___

all that ___ I want, ___ all that ___ I want. ___

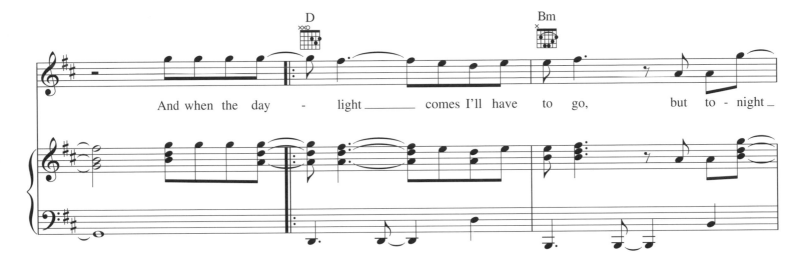

And when the day - light _____ comes I'll have to go, but to - night _____

___ I'm gon - na hold you so _____ close. 'Cause in the day - light _____ we'll be on

our own, but to - night ___ I need to hold you ___ so _____ close. And when the day

CALL ME MAYBE

Words and Music by CARLY RAE JEPSEN,
JOSHUA RAMSAY and TAVISH CROWE

Moderate Pop

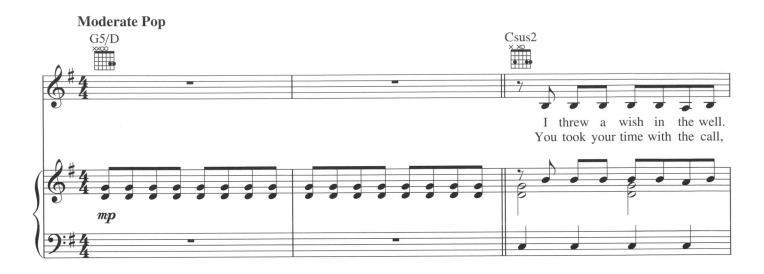

I threw a wish in the well.
You took your time with the call,

Don't ask me, I'll nev-er tell.   I looked to you as it fell   and now you're in my ___ way.
I took no time with the fall.   You gave me noth-in' at all,   but still you're in my ___ way.

I trade my soul for a wish,   pen-nies and dimes for a kiss.   I was-n't look-in' for this,
I beg and bor-row and steal,   at first sight and it's real.   I did-n't know I would feel

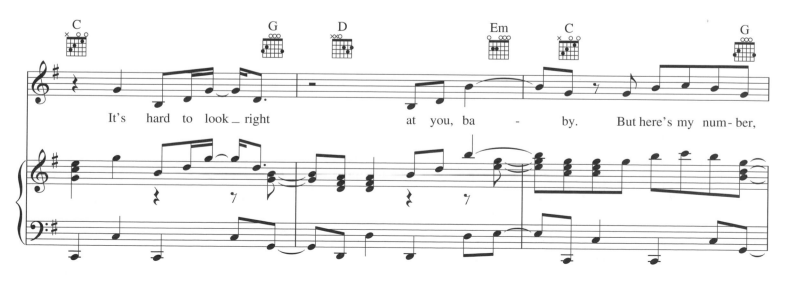

so call me may-be. Hey, I just met __ you, and this is cra - zy,

but here's my num-ber, so call me may-be. And all the oth - er boys __

try to chase _____ me. But here's my num-ber, so call me may-be.

Be - fore you came in - to my life, I missed you so bad, I missed you so bad,

GIRL ON FIRE

Words and Music by ALICIA KEYS,
SALAAM REMI, JEFF BHASKER,
NICKI MINAJ and BILLY SQUIER

Oh, _____ she's got both feet on the ground_ and she's burn-ing it down._

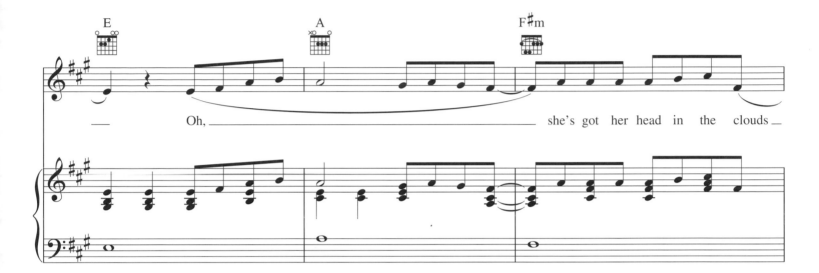

— Oh, _____ she's got her head in the clouds_

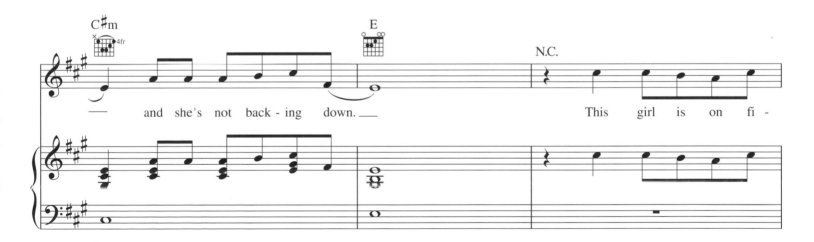

— and she's not back-ing down. ___ This girl is on fi-

re, this girl is on fi-re. _____

hot-test of the hot-test girls. __ Say oh, _____ we got our feet on the ground __

__ and we're burn-ing it down. ___ Oh, _____

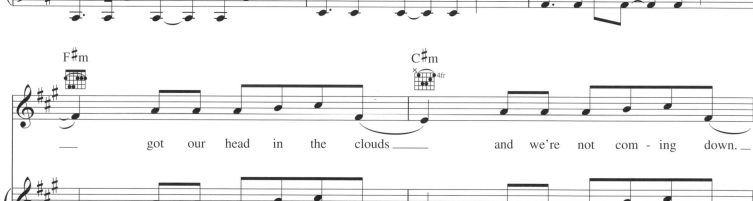

__ got our head in the clouds _____ and we're not com-ing down. __

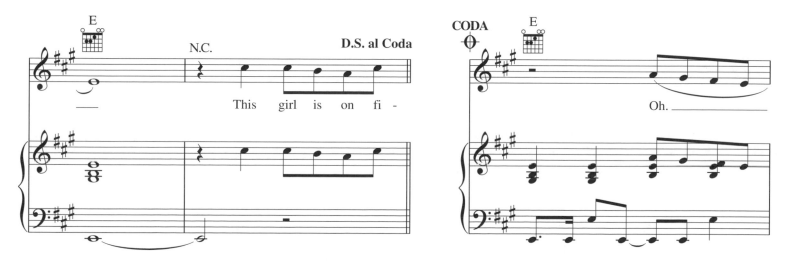

This girl is on fi-

Oh. _____

This girl is on fi - re._____ She's walk - ing on fi -

re. This girl is on fi - re._____

Oh._____ Oh._____

Oh._____ Oh._____

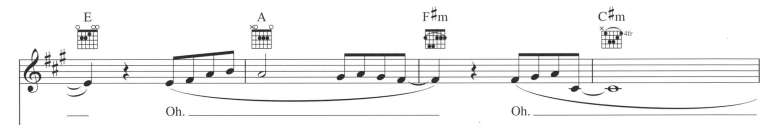

She's just a girl __ and she's __ on fi - re. __

HALL OF FAME

Words and Music by DANNY O'DONOGHUE,
MARK SHEEHAN, JAMES BARRY,
ANDREW FRAMPTON and WILL ADAMS

Anthemic Rock

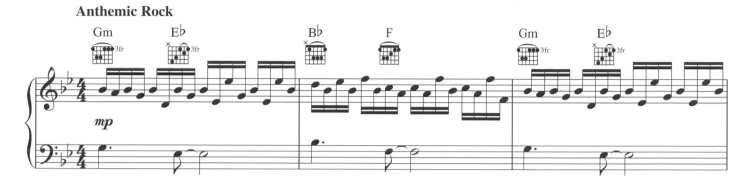

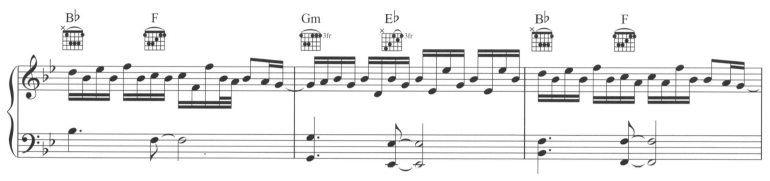

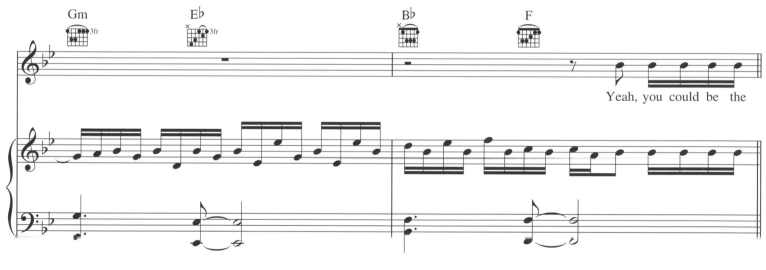

Yeah, you could be the

great-est. You can be the best. You can be the King Kong bang-in' on your chest. You could beat the

dis-tance. You can run the mile. You can walk straight through hell __ with a smile. You could be the

cham - pion. _____ Be a cham - pion, _____ be a

Walls of the hall of fame. ____

cham - pion. _____ Be stu - dents, be teach - ers, be pol - i -

ti - cians, be preach - ers. Be be - liev - ers, be lead - ers, be as - tro -

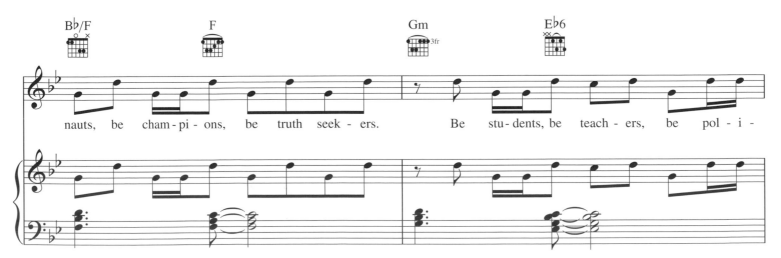

nauts, be cham - pi - ons, be truth seek - ers. Be stu - dents, be teach - ers, be pol - i -

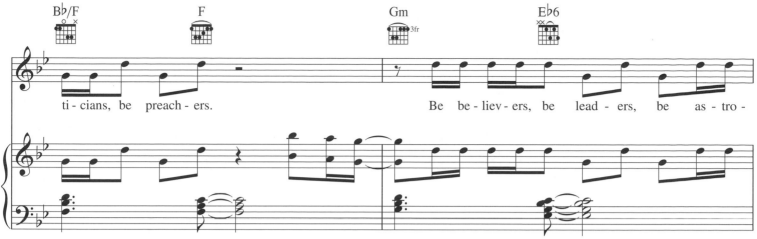

ti - cians, be preach - ers. Be be - liev - ers, be lead - ers, be as - tro -

nauts, be cham - pi - ons. Stand - in' in the hall of fame. __

And the world's __ gon - na know your name. __

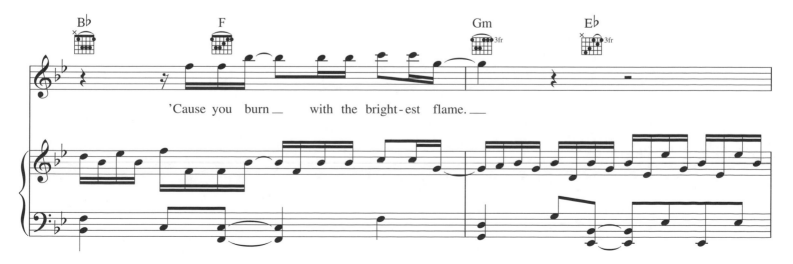

'Cause you burn __ with the bright - est flame. __

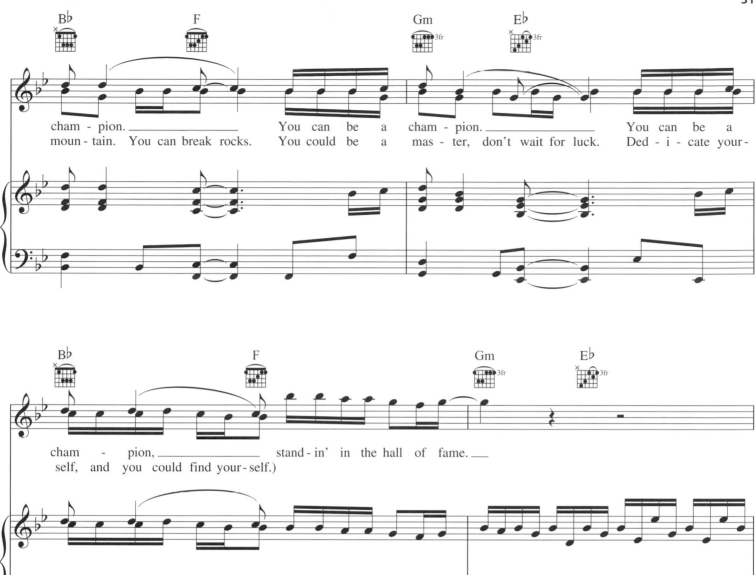

cham - pion. _____ You can be a cham - pion. _____ You can be a
moun - tain. You can break rocks. You could be a mas - ter, don't wait for luck. Ded - i - cate your-

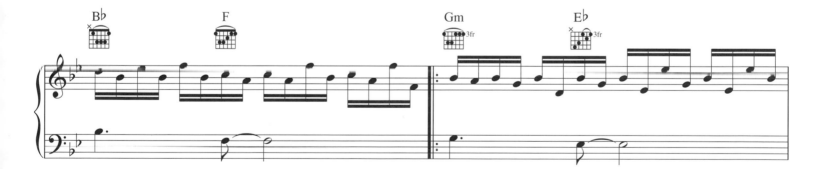

cham - pion, _____ stand - in' in the hall of fame. ___
self, and you could find your - self.)

Repeat and Fade | **Optional Ending**

HOME

Words and Music by JADE CASTRINOS
and ALEX EBERT

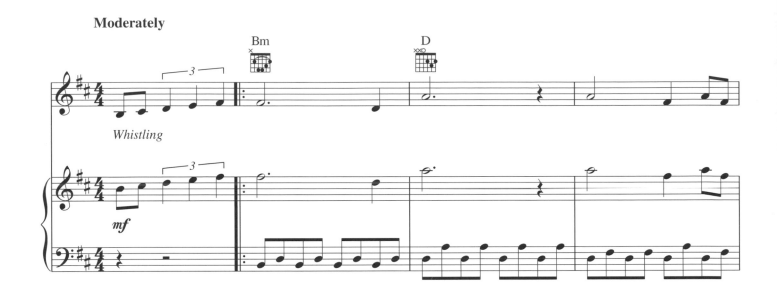

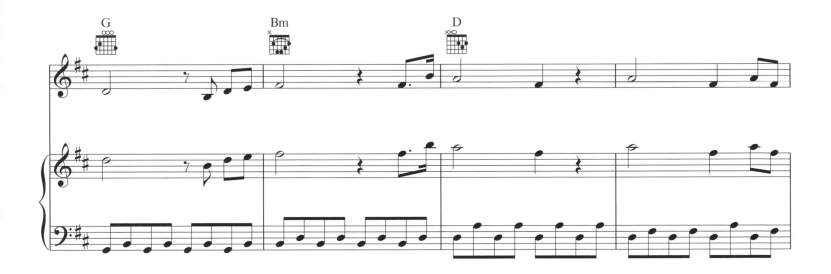

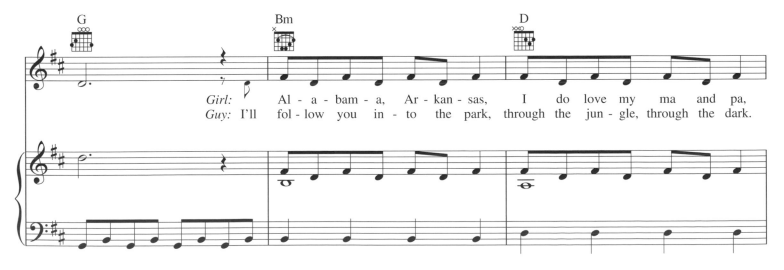

Girl: Al - a - bam - a, Ar - kan - sas, I do love my ma and pa,

Guy: I'll fol - low you in - to the park, through the jun - gle, through the dark.

Home is ___ wher - ev - er I'm with you. ___

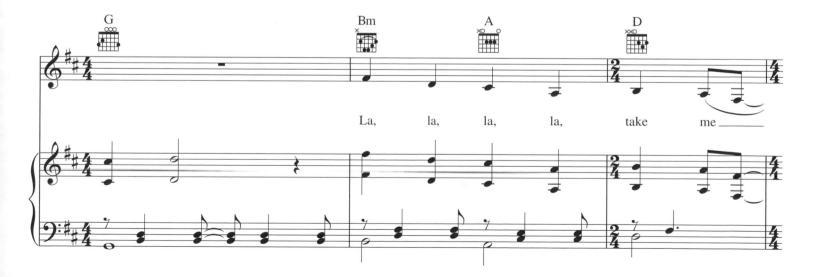

La, la, la, la, take me ___

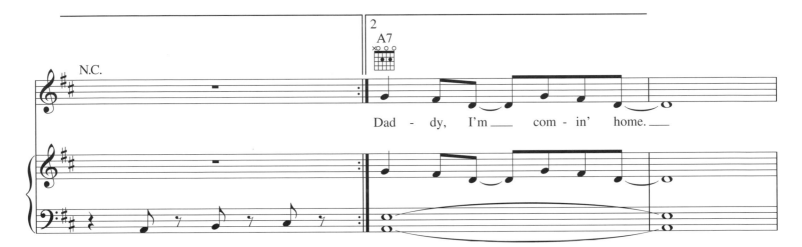

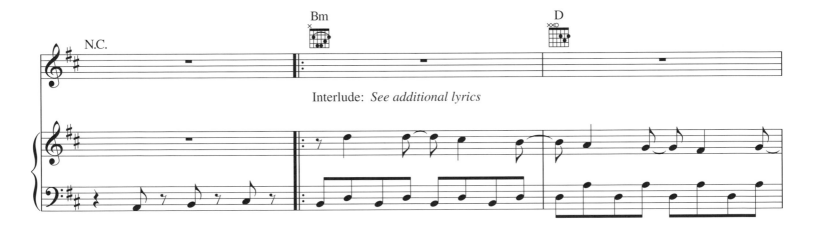

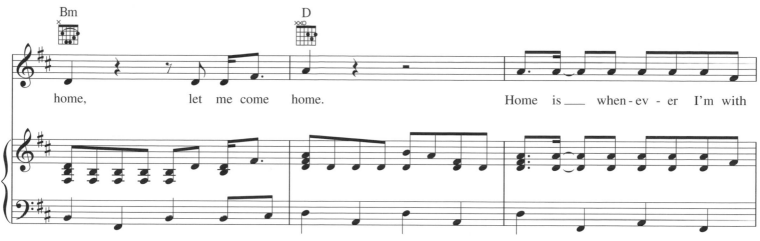

home, let me come home. Home is ___ when-ev-er I'm with

you. ___ Ah, ___ home let me come home. ___

Home is ___ when I'm a-lone ___ with you. ___ *Guy:* Home, let me come

home. Home is ___ wher-ev-er I'm with you. ___ *Girl:* Ah, ___

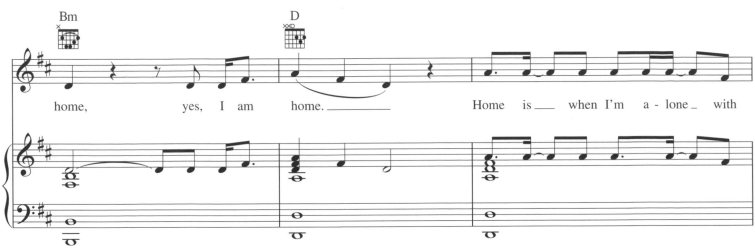

home,   yes, I am   home. _____   Home is ___ when I'm a-lone ___ with

you. _   Al - a - bam - a, Ar - kan - sas, _____

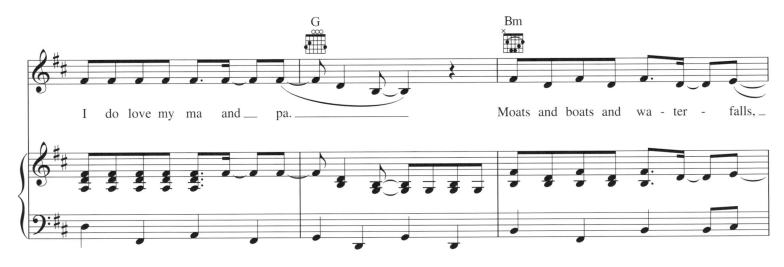

I   do love my ma and ___ pa. _____   Moats and boats and wa - ter - falls, _

_____   al - ley - ways and pay - phone ___ calls. _____

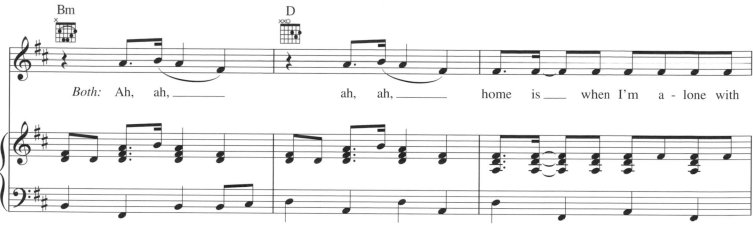

Interlude lyrics (spoken):

Guy: Jade?

Girl: Alexander?

Guy: Do you remember that day you fell out of my window?

Girl: I sure do. You came jumping right out after me.

Guy: Well, you fell on the concrete, nearly broke your ass. You were bleeding all over the place.
I rushed you out to the hospital. You remember that?

Girl: Yes, I do.

Guy: Well, there's something I never told you about that night.

Girl: What didn't you tell me?

Guy: Well, while you were sitting in the back seat smoking a cigarette you thought was gonna be your last,
I was falling deep, deeply in love with you, and I never told you until just now.

Girl: Aww, alright!

I AM

Words and Music by ANDRE BISSELL
and REBECCA GIBSON

I see the world like no - bod - y else___ can see. I am the some - bod - y no -
I'm on - ly hu - man just___ like___ an - y - one, but I'm the on - ly me___

C#m   A

- bod - y else___ can be. I'm the o - rig - i - nal, so ir - re - place - a - ble.
___ un - der___ the sun. Just like a snow - flake, no two are the same.

E   (Oh,___   oh.) ___   C#m

No mat - ter who I will be___ and who___
And there's___ un - i - ty in___ our in - di -

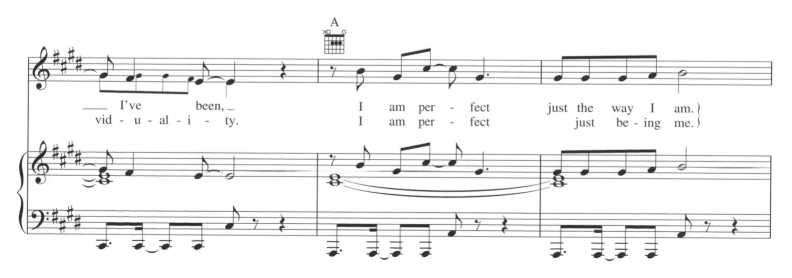

A

___ I've been,___ I am per - fect just the way I am.
vid - u - al - i - ty. I am per - fect just be - ing me.

and that's who I ___ am. ___

Ev - 'ry - bod - y is some - bod - y that no - bod - y else can be.

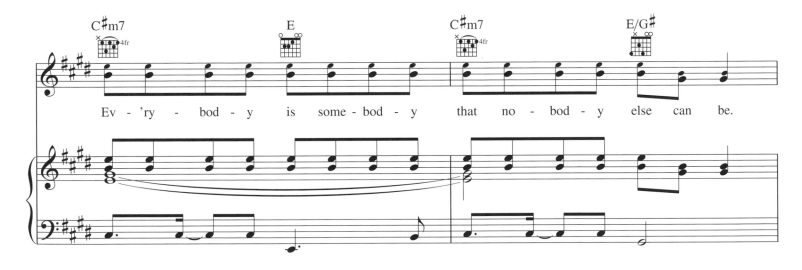

Ev - 'ry - bod - y is some - bod - y that no - bod - y else can be.

Ev - 'ry - bod - y is some - bod - y, and that's who I ___ am. ___

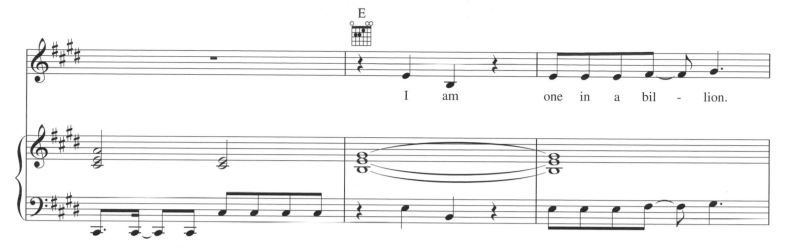

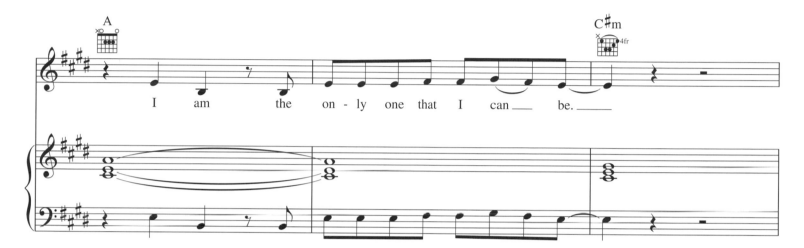

I WON'T GIVE UP

Words and Music by JASON MRAZ
and MICHAEL NATTER

*Guitarists: Tune 6th string down to D.

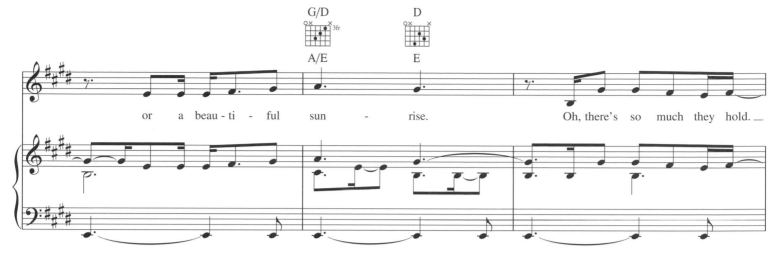

or a beau-ti-ful sun - rise. Oh, there's so much they hold.

And just like them old _____ stars,

I see that you've come so ___ far _____ to be right where ___

you are. How old is your soul? _____

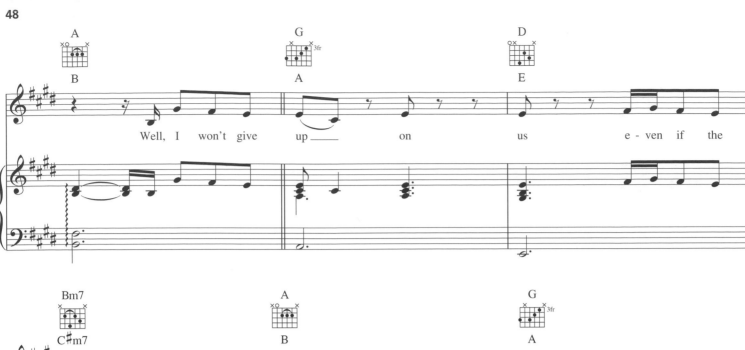

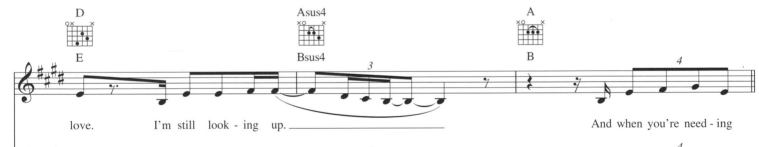

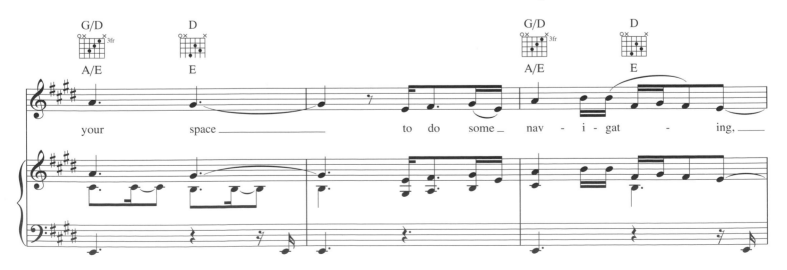

Well, I won't give up _____ on us _____ e - ven if the

skies _____ get _____ rough. _____ I'm giv - ing _____ you all _____ my

love. I'm still look - ing up. _____ And when you're need - ing

your space _____ to do some _ nav - i - gat - ing, _____

IF I DIE YOUNG

Words and Music by
KIMBERLY PERRY

If I die ___ young, bur-y me in sat-in, lay ___ me down ___

___ on a bed of ros - es. Sink ___ me in the riv - er at dawn, ___ send ___ me a-

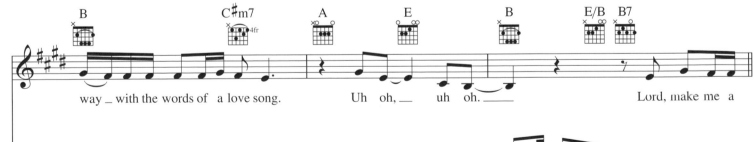

way ___ with the words of a love song. Uh oh, ___ uh oh. ___ Lord, make me a

So put on your best, ___ boys, and I'll wear my pearls. What I nev-er did is done. A pen-ny for my

thoughts: oh no, ___ I'll sell ___ 'em for a dol-lar. They're worth so much more af - ter I'm a gon-er. And ___

may-be then you'll hear the words ___ I've been sing-ing. Fun - ny, when you're dead how peo-

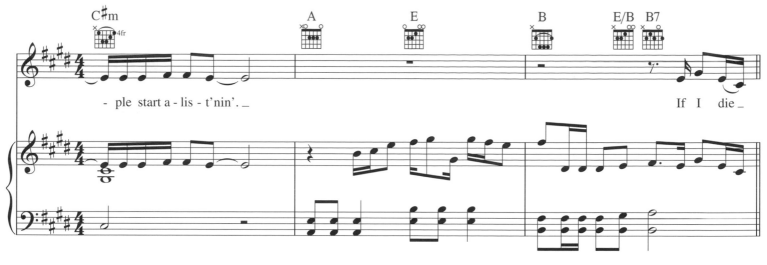

-ple start a-lis-t'nin'. _ If I die _

young, bur-y me in sat-in, lay __ me down _____ on a bed of ros - es. Sink __ me in the

riv-er at dawn, _ send __ me a-way _ with the words of a love _ song. Uh

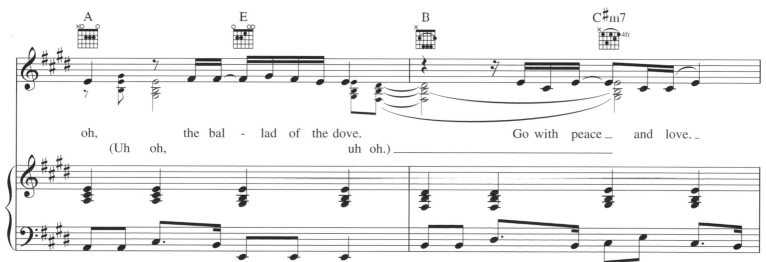

oh, the bal-lad of the dove. Go with peace __ and love. _

(Uh oh, uh oh.) _____

Gath-er up your tears, keep _ 'em in your pock-et. Save 'em for a time when you're real-ly gon-na need 'em. Oh, _

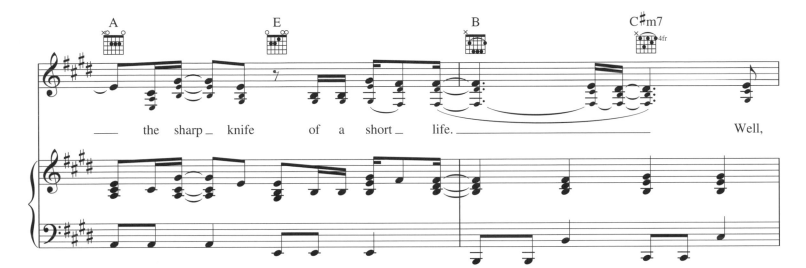

_____ the sharp _ knife of a short _ life. _____ Well,

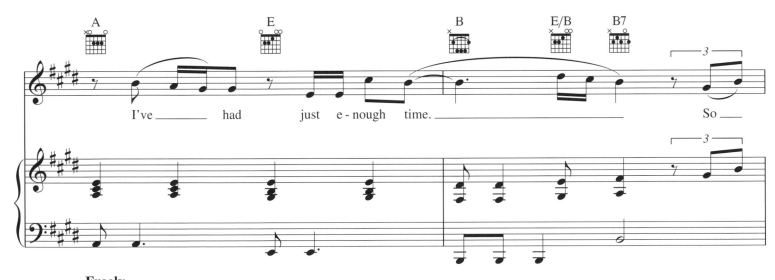

I've _____ had just e-nough time. _____ So _____

Freely

put on your best, boys, _____ and I'll wear my pearls. _____

JUST A KISS

Words and Music by HILLARY SCOTT,
DALLAS DAVIDSON, CHARLES KELLEY
and DAVE HAYWOOD

Moderately slow

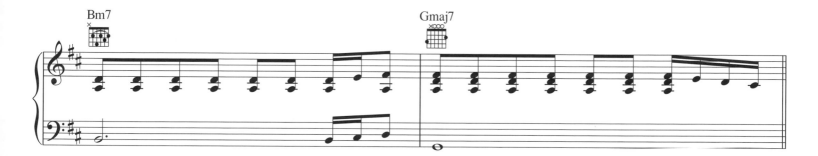

Female:
Ly - in' here __ with you __ so close to me, __ it's hard to fight __ these feel -

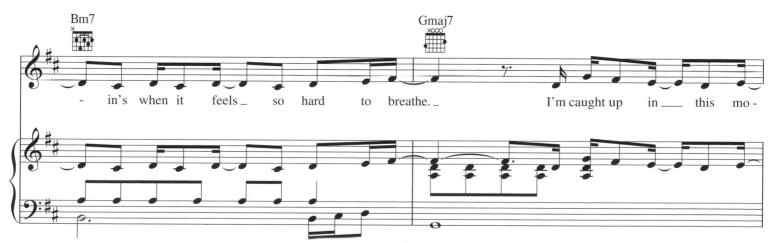

- in's when it feels __ so hard to breathe. __ I'm caught up in __ this mo -

* Recorded a half step lower.

- ment, I'm caught up in ___ your smile. *Male:* I've

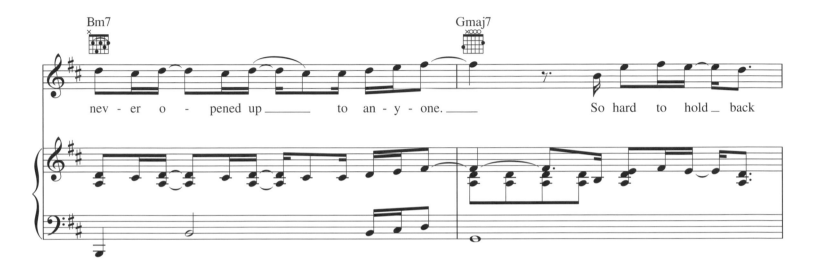

nev - er o - pened up _____ to an - y - one. ___ So hard to hold ___ back

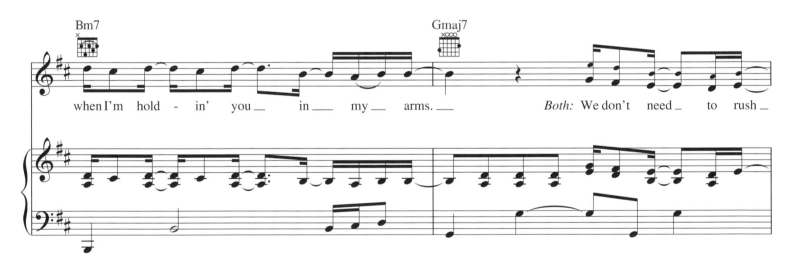

when I'm hold - in' you ___ in ___ my ___ arms. ___ *Both:* We don't need ___ to rush ___

___ this. Let's ___ just take ___ it slow. ___

Just a kiss on your lips in the moon- light, just a touch of the fire burn- in' so bright.

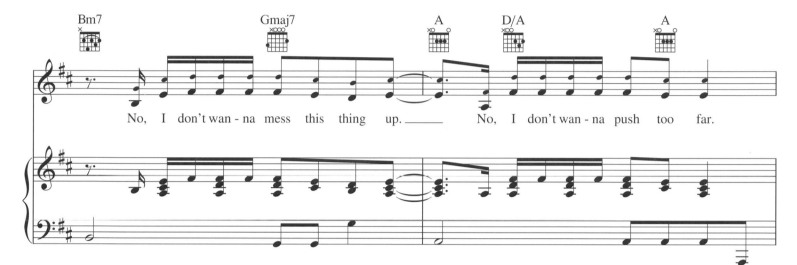

No, I don't wan - na mess this thing up.___ No, I don't wan - na push too far.

Just a shot in the dark that you just might be the one ___ I've been wait - in' for my whole

___ life. So, ba - by, I'm ___ al - right ___ with just a kiss good -

No, I ___ don't wan - na say ___ good - night. ___

Male: I know it's time ___ to leave, ___ *Both:* but you'll ___

___ be in ___ my ___ dreams ___ *Male:* to - night, ___

___ *Female:* to - night, ___ *Both:* to - night. ___

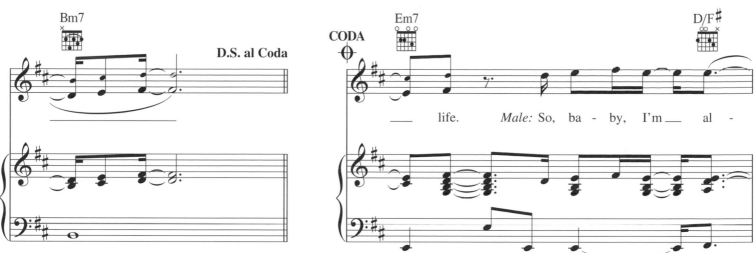

D.S. al Coda

Bm7 | CODA | Em7 | D/F#

life. *Male:* So, ba - by, I'm al -

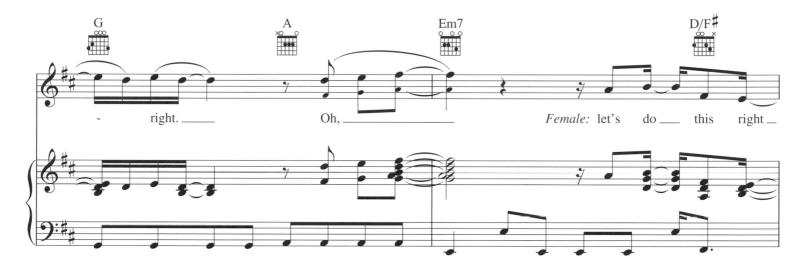

G | A | Em7 | D/F#

- right. _____ Oh, _____ *Female:* let's do _____ this right _____

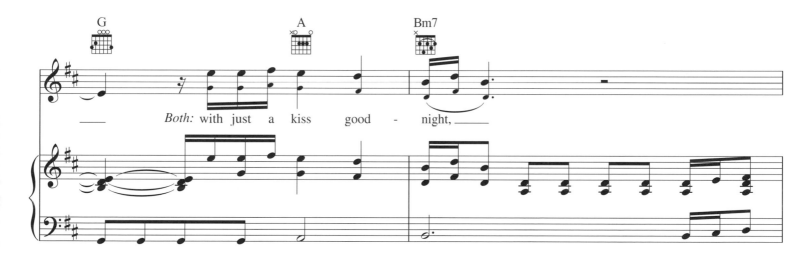

G | A | Bm7

_____ *Both:* with just a kiss good - night, _____

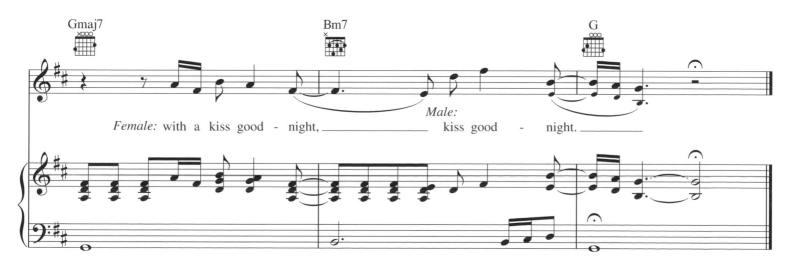

Gmaj7 | Bm7 | G

Female: with a kiss good - night, _____ *Male:* kiss good - night. _____

IT WILL RAIN

Words and Music by BRUNO MARS,
PHILIP LAWRENCE and ARI LEVINE

Moderate groove

If you ev - er leave _ me, ba - by,

leave some mor - phine at _ my door. _

'Cause it would take a whole lot of med - i - ca - tion _

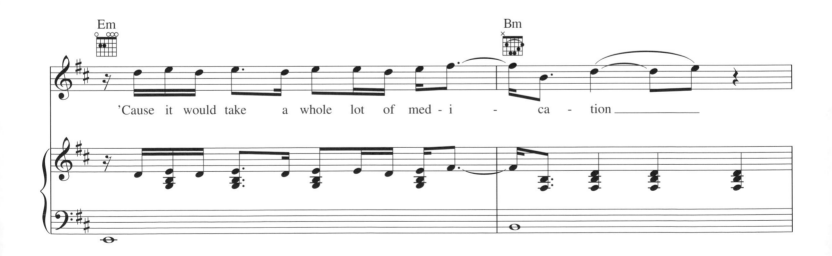

to re-a-lize what we used to have, _ we don't have it an-y-more. _____

There's no re-li-gion that _ could save _ me,

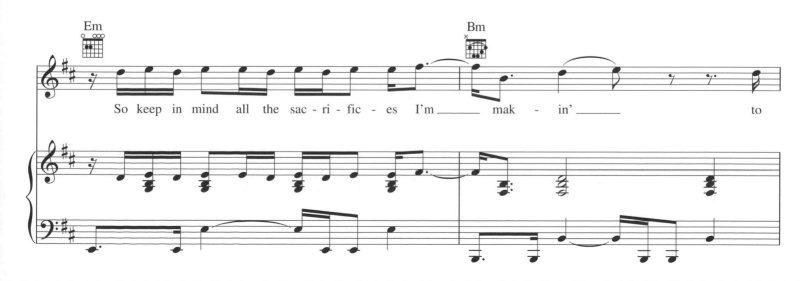

no mat-ter how long my _ knees are on the floor. ___ Oh. _____

So keep in mind all the sac-ri-fic-es I'm _____ mak-in' _____ to

keep you ___ by my side ___ and keep you from walk-in' out ___ the door. _____ 'Cause

there'll be no sun-light if I lose you, ba - by.

G   A   F#m   Bm   Bm/A

There'll be no clear ___ skies if I lose you, ba - by.

Just like the clouds, ___ my eyes ___ will do the same. ___ If you ___ walk a-

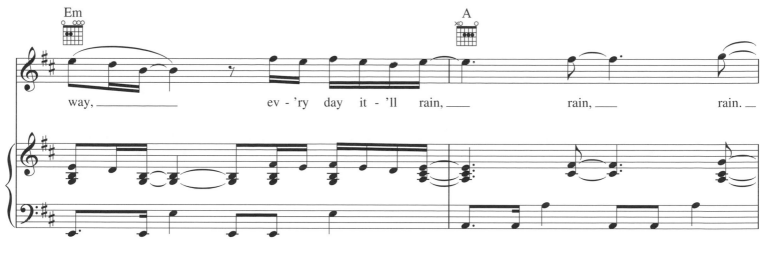

way, _____ ev - 'ry day it - 'll rain, _____ rain, _____ rain. _____

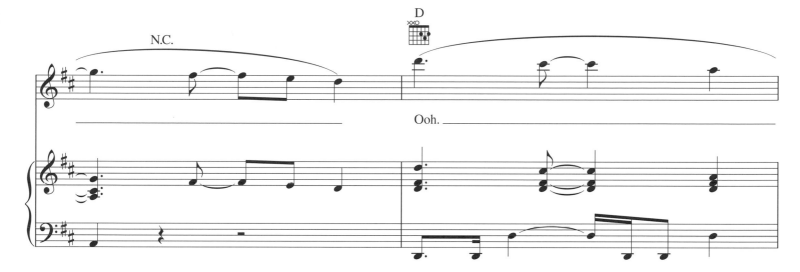

_____ Ooh. _____

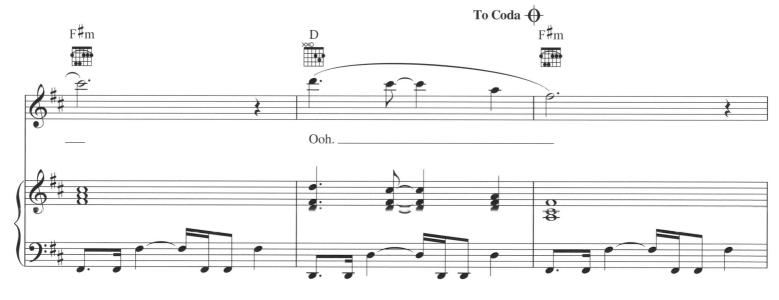

To Coda ⊕

_____ Ooh. _____

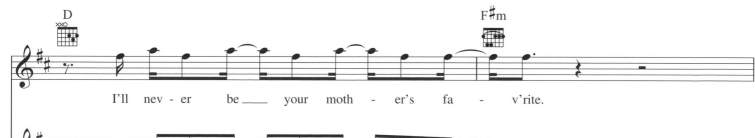

I'll nev - er be ____ your moth - er's fa - v'rite.

Your dad-dy can't e-ven look me in the eye. Ooh.

If I was in their shoes, I'd be do-in' the same thing, say-ing

there goes my lit-tle girl walk-ing with that trou-ble-some guy. But they're

just a-fraid of some-thing they can't un-der-stand. Ooh.

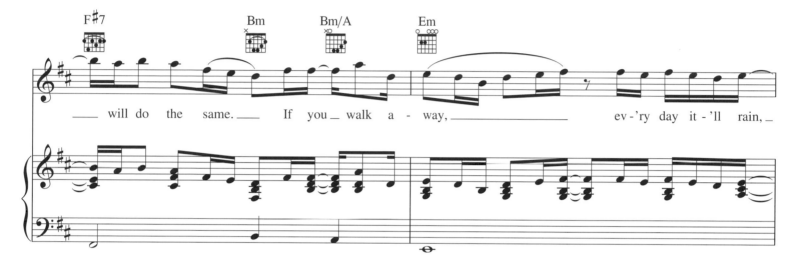

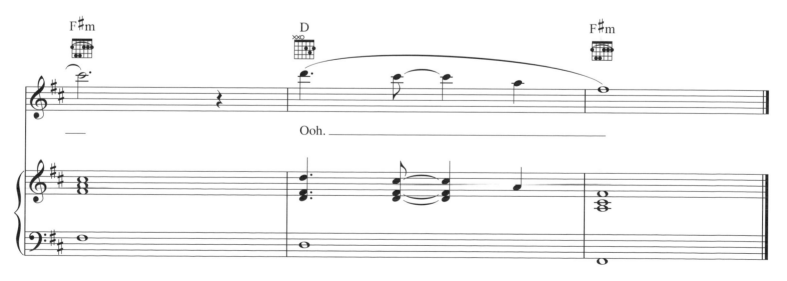

JUST GIVE ME A REASON

Words and Music by ALECIA MOORE,
JEFF BHASKER and NATE RUESS

Female: Oh, _____ we can learn to love a-gain. _____ Oh, _____

_____ we can learn to love a-gain. _____ Oh, _____

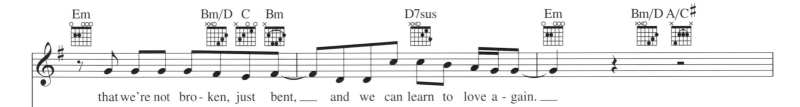

that we're not bro-ken, just bent, ___ and we can learn to love a-gain. ___

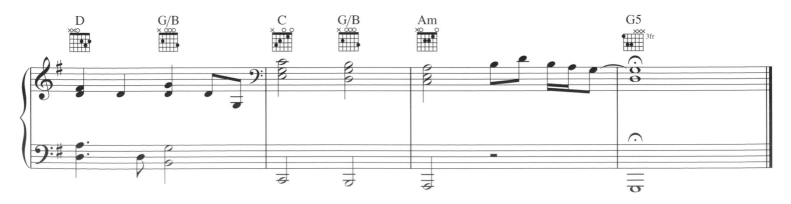

LITTLE TALKS

Words and Music by NANNA BRYNDIS HILMARSDOTTIR
and RAGNAR THORHALLSSON

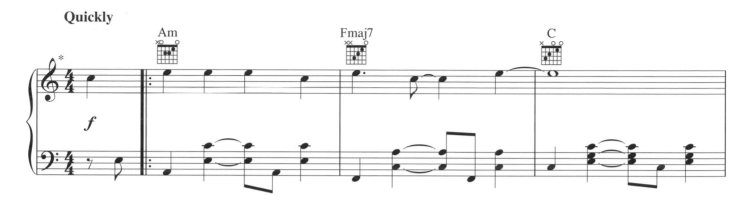

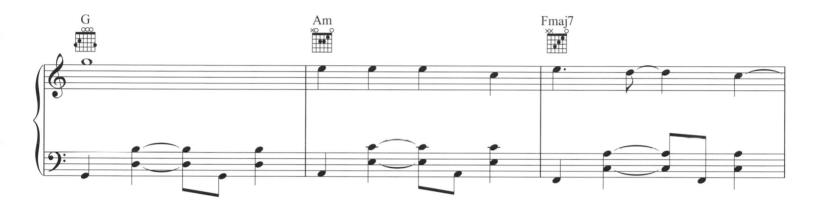

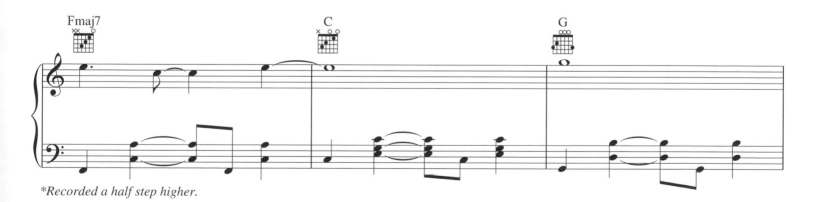

Recorded a half step higher.

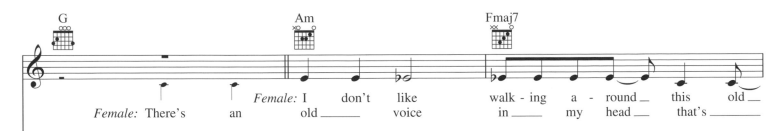

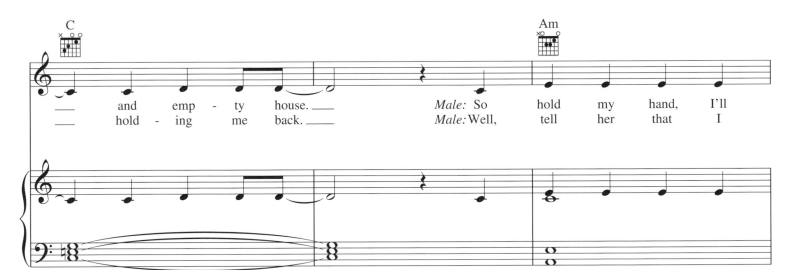

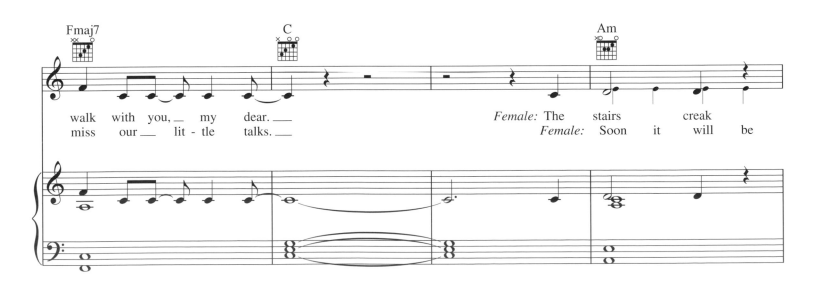

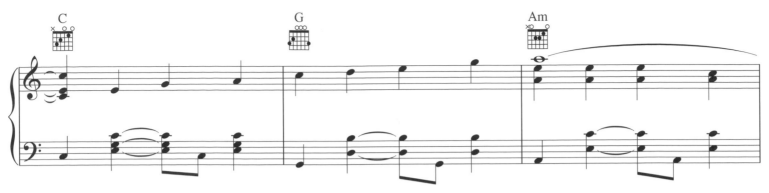

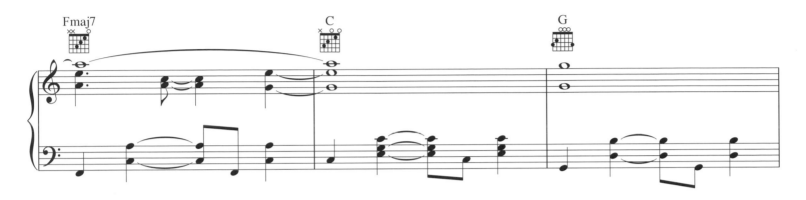

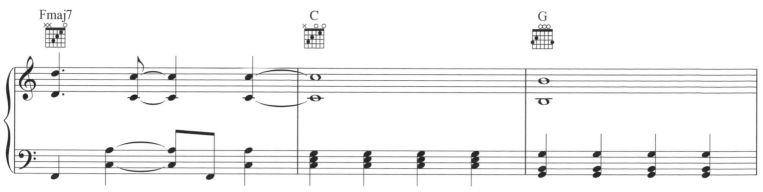

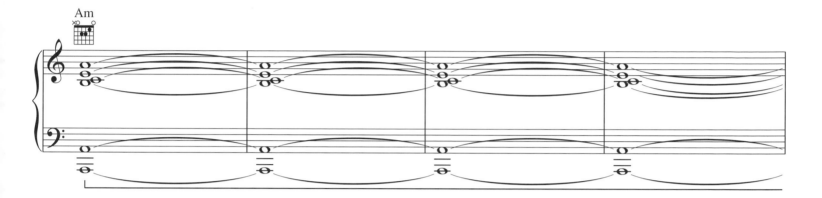

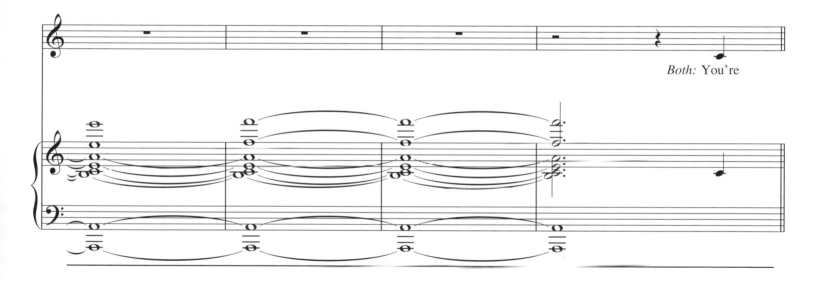

Both: You're

gone, gone, gone a - way; __ I watched you dis - ap - pear. __

torn, torn, torn a - part; __ there's noth - ing we can do. __

NEXT TO ME

Words and Music by EMELI SANDÉ,
HARRY CRAZE, HUGO CHEGWIN
and ANUP PAUL

ONE THING

Words and Music by SAVAN KOTECHA,
CARL FALK and RAMI YACOUB

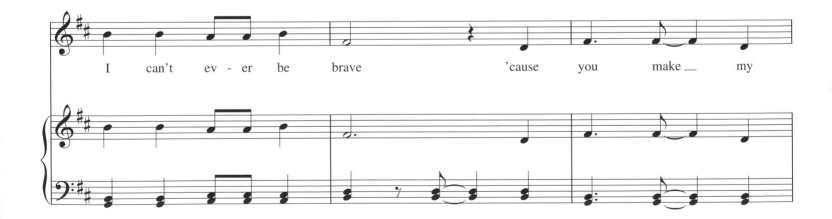

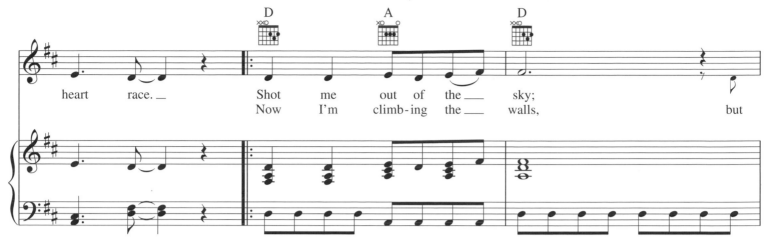

heart race. ___ Shot me out of the ___ sky;
Now I'm climb-ing the ___ walls, but

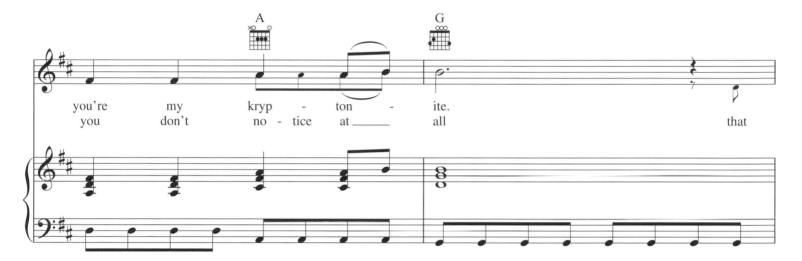

you're my kryp - ton - ite.
you don't no - tice at ___ all that

You keep mak-ing me weak; ___ yeah, fro - zen ___ and
I'm go-ing out of my mind ___ all day ___ and

can't breathe. ___ Some - thing's got - ta give now, ___
all night. ___ Some - thing's got - ta give now, ___

'cause I'm dy - ing just to make you
'cause I'm dy - ing just to know you your

see that I need _____ you here with me now, _____
name. And I need _____ you here with me now, _____

_____ 'cause you've got ____ that one thing.
_____ 'cause you've got ____ that one thing. So,

get out, get out, get out of my head ___ and fall in - to my arms

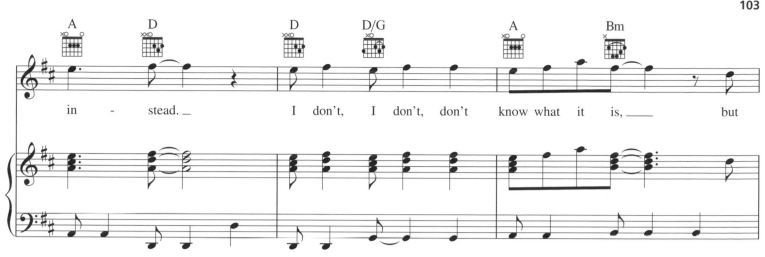

in - stead. _ I don't, I don't, don't know what it is, ___ but

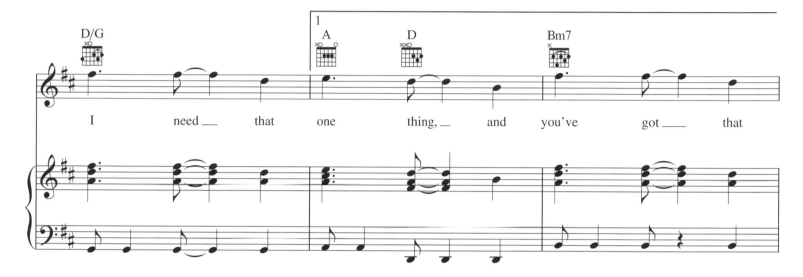

I need ___ that one thing, _ and you've got ___ that

one thing.

one thing. _ So, get out, get out, get out of my mind, _ and

come on, come in - to my life. ___ I don't, I don't, don't

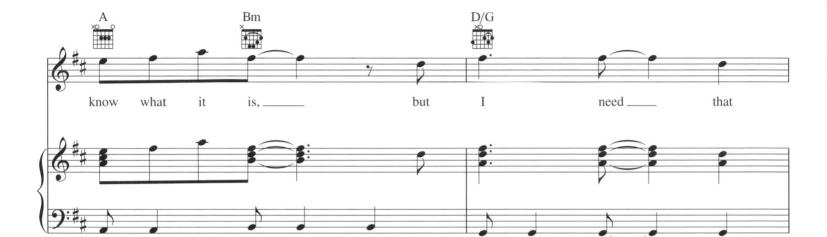

know what it is, _____ but I need ____ that

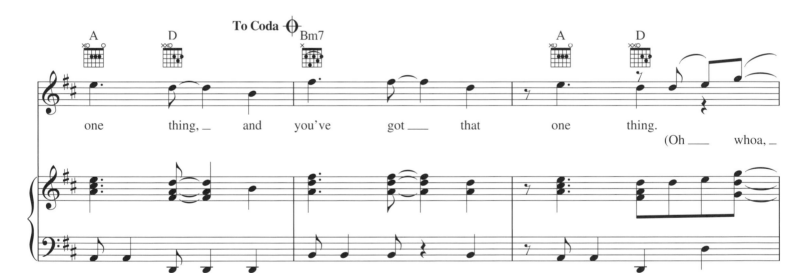

one thing, __ and you've got ___ that one thing. (Oh ___ whoa, _

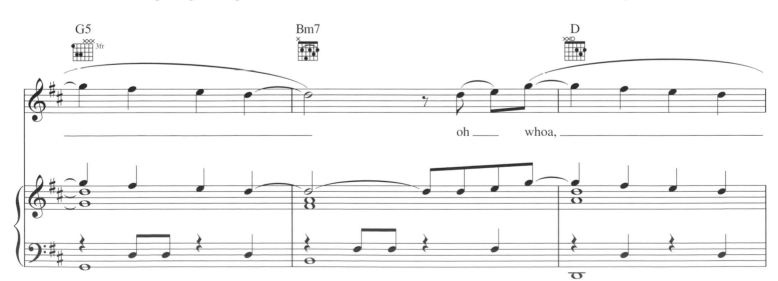

oh ___ whoa, _____

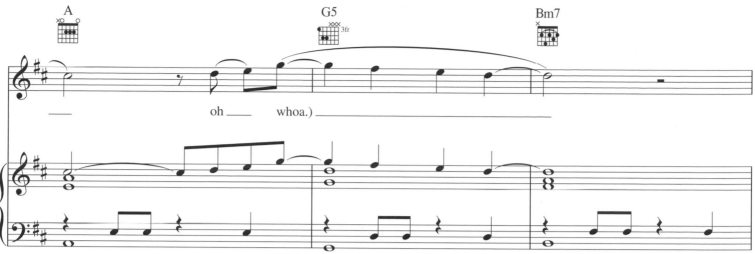

oh ___ whoa.) _____

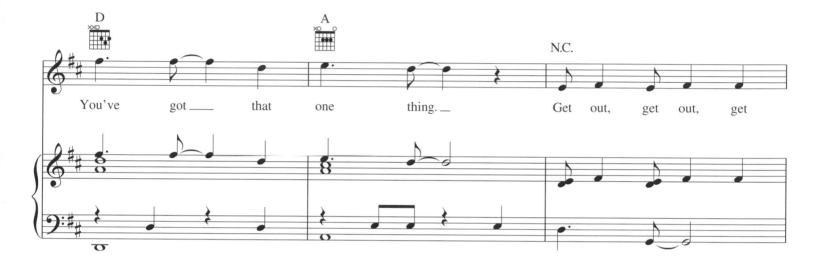

You've got ___ that one thing. ___ Get out, get out, get

D.S. al Coda
(take 2nd ending)

out of my head, and fall in-to my arms in-stead. ___ So,

CODA

you've got ___ that one thing.

PARADISE

Words and Music by GUY BERRYMAN,
JON BUCKLAND, WILL CHAMPION,
CHRIS MARTIN and BRIAN ENO

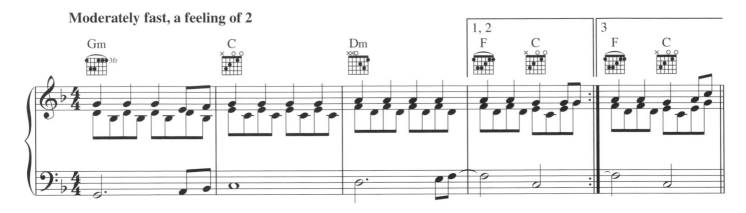

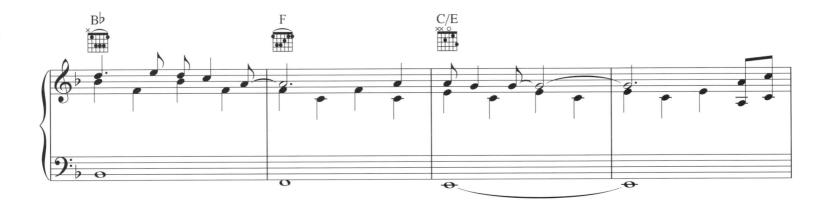

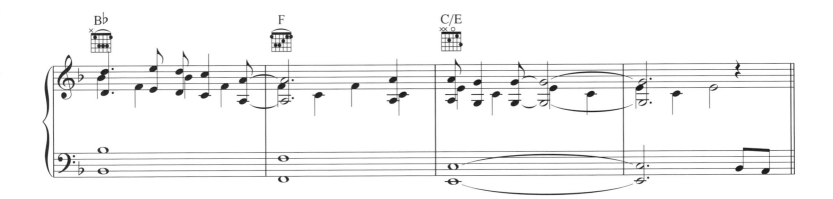

Ooh, _____ ooh. _____

When she was just a girl, _____ she ex-pect-ed the world. _____ But it

flew a-way from her reach. _____ So she ran a-way in her sleep _____ and dreamed of

par - a - par - a - par - a - dise, par - a - par - a - par - a - dise,

par - a - par - a - par - a - dise ev - 'ry time she closed __ her __ eyes.

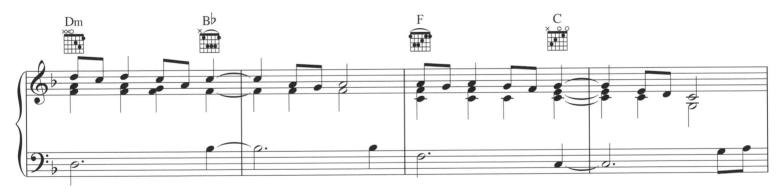

Ooh, _____ ooh. _____

par-a - par-a - par-a-dise, par-a - par-a - par-a-dise,

par-a - par-a - par-a-dise. Oh, _____ oh. _____

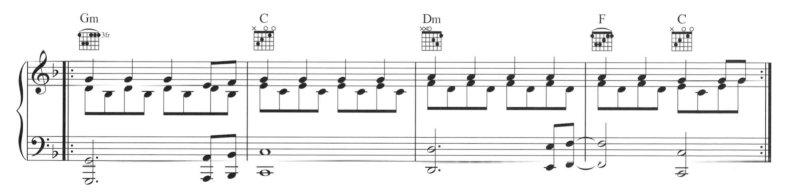

La, la,_ la, la, la, la, la,_ la, la, la, la, la,_ la, la, la,_ la,_ la._ And so ly -

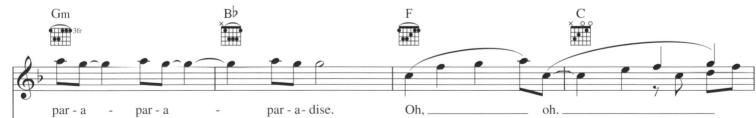

par-a - par-a - par-a-dise, par-a - par-a - par-a-dise, could be

par-a - par-a - par-a-dise. Oh, _____ oh. _____

Ooh. _____

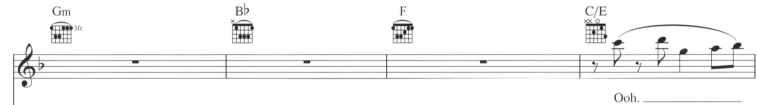

This could be

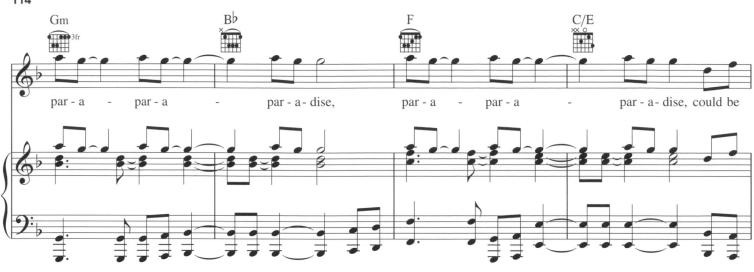

par - a - par - a - par - a- dise, par - a - par - a - par - a- dise, could be

par - a - par - a - par - a- dise. Oh, _____ oh. _____

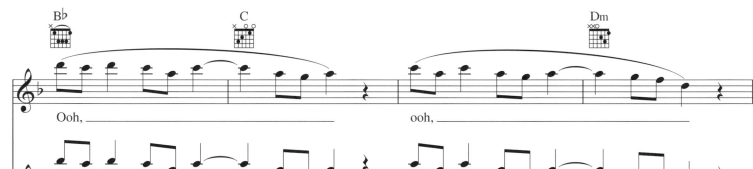

Ooh, _____ ooh, _____

ooh, _____ ooh. _____

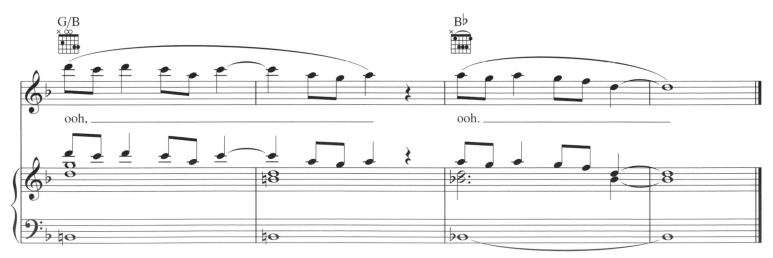

RADIOACTIVE

Words and Music by DANIEL REYNOLDS,
BENJAMIN McKEE, DANIEL SERMON,
ALEXANDER GRANT and JOSH MOSSER

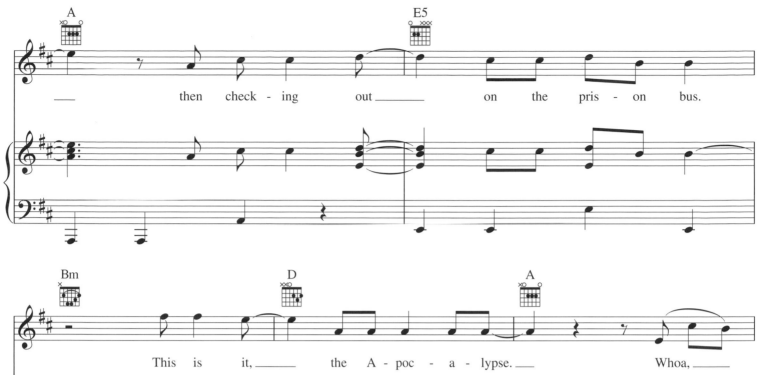

then check - ing out _____ on the pris - on bus.

This is it, _____ the A - poc - a - lypse. _____ Whoa, _____

whoa. _____ I'm wak - ing up. I feel it in my bones, e -

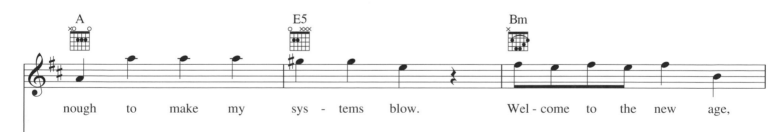

nough to make my sys - tems blow. Wel - come to the new age,

to the new age. Wel-come to the new age, to the new age. ___

___ Whoa, ___ oh. Whoa, ___ I'm ra - di - o - ac - tive,

ra - di - o - ac - tive. Whoa, ___ oh. Whoa, ___ I'm

ra - di - o - ac - tive, ra - di - o - ac - tive.

ra - di - o - ac - tive. All sys - tems ___ go; ___

___ the sun has - n't ___ died. ___

Deep in my ___ bones, ___ straight from in - side... _

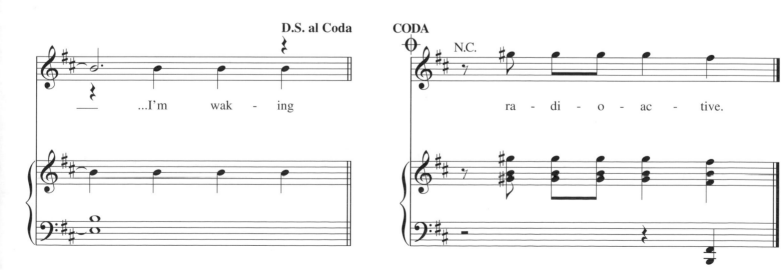

D.S. al Coda

___ ...I'm wak - ing

CODA

ra - di - o - ac - tive.

PART OF ME

Words and Music by KATY PERRY,
LUKASZ GOTTWALD, MAX MARTIN
and BONNIE McKEE

Dance Pop

Days like this I want to drive a-way. ___
I just wan-na throw my phone a-way. ___

Pack my bags and watch your shad-ow fade. ___
Find out who is real-ly there for me. ___

You chewed ___ me up ___ and spit ___ me out ___
You ripped ___ me off, ___ your love ___ was cheap, _

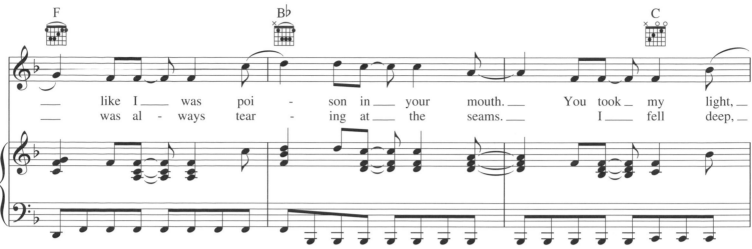

like I ____ was poi - son in ____ your mouth. ____ You took ____ my light, ____
was al - ways tear - ing at ____ the seams. ____ I ____ fell deep, ____

you drained ____ me down, ____ but that ____ was then ____ and this ____ is now. ____
you let ____ me down, ____ but that ____ was then ____ and this ____ is now. ____

Now look at me. This is the part of me ____ that you're nev -
Now look at me.

- er gon - na ev - er take a - way from ____ me, ____ no. This is the

*2nd time

part of me ___ that you're nev - er gon - na ev - er take a - way from ___ me, ___ no.

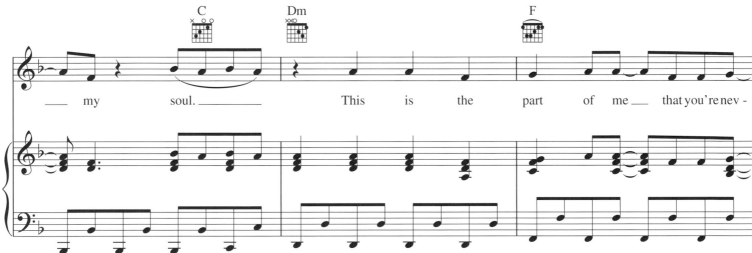

Throw your sticks and ___ stones, ___ throw your bombs and ___ blows, ___ but you're not gon-na break ___

___ my soul. ___ This is the part of me ___ that you're nev -

To Coda ⊕

- er gon-na ev - er take a - way from ___ me, ___ no. way from ___ me, ___ no.

In fact, you can keep ev-'ry-thing, __ yeah, __ yeah, __ ex-cept for me.

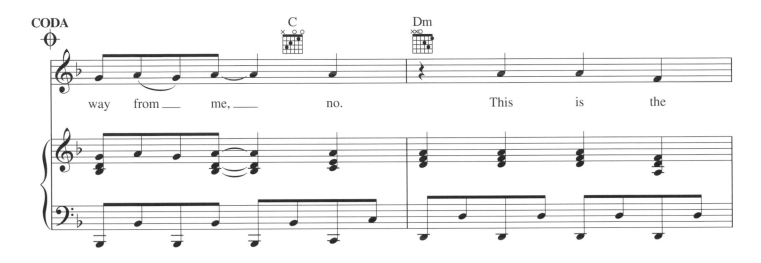

way from __ me, __ no. This is the

part of me, __ no. _____

This is the part of me. __

PUT THE GUN DOWN

Words and Music by
ZSUZANNA WARD

Soulful Rock

ooh, ooh, _____ put the gun down. Ooh, ooh, _____ ooh, ooh. _____ She

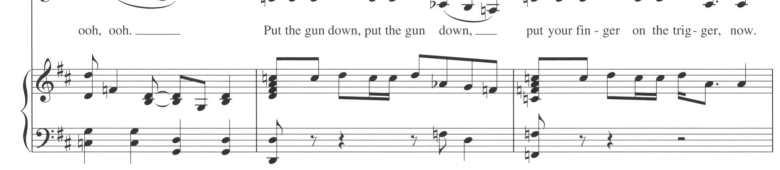

ooh, ooh. _____ Put the gun down, put the gun down, ___ put your fin- ger on the trig- ger, now.

Put it down,_ put it down,_ put it down,_ put it down._ Put the gun down, put the gun down, or

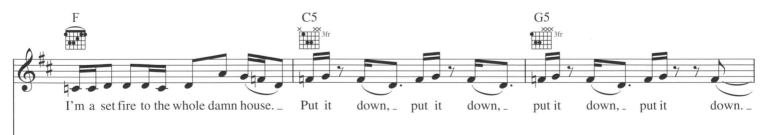

I'm a set fire to the whole damn house. _ Put it down,_ put it down,_ put it down,_ put it down. _

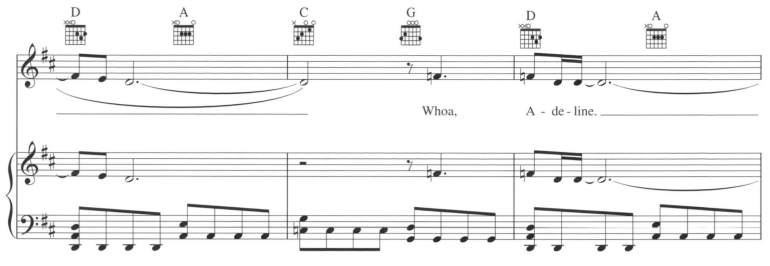

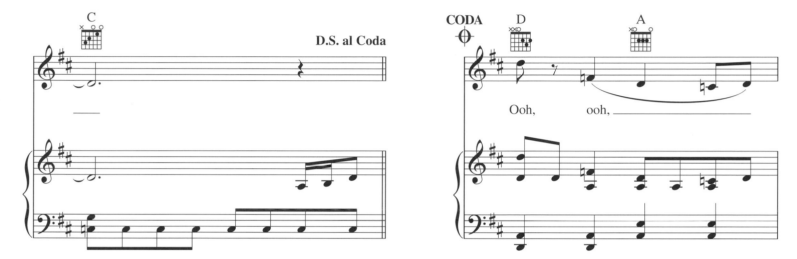

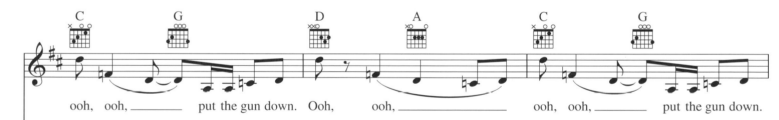

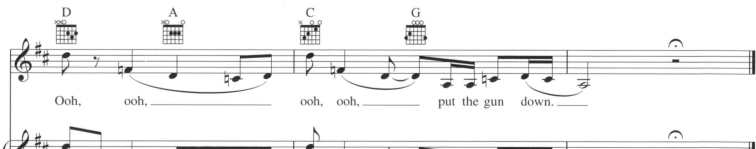

ROYALS

Words and Music by JOEL LITTLE
and ELLA YELICH-O'CONNOR

Moderately

I've nev-er seen a dia-mond in the flesh. _____
I, we've cracked the code. _____

I cut my teeth on wed-ding rings _____ in the
We count our dol-lars on the train _____ to the

mov- ies. _____ And I'm not proud of my ad-dress. _____
par- ty. _____ And ev-'ry- one who knows us knows _____

jet planes, is - lands, ti - gers on a gold leash. We don't care, __ we aren't

caught up in your love af - fair. __ And we'll nev - er be roy - als, (roy - als.)

It don't run in our __ blood. __ That kind of lux just ain't __ for us. __ We crave a

dif - f'rent kind __ of buzz. __ Let me be __ your rul - er, (rul - er.)

And I'm in love with be - ing queen. ___ Oh, _____

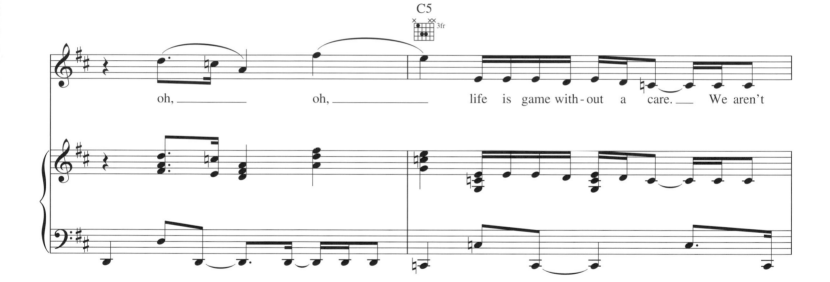

oh, _____ oh, _____ life is game with-out a care. ___ We aren't

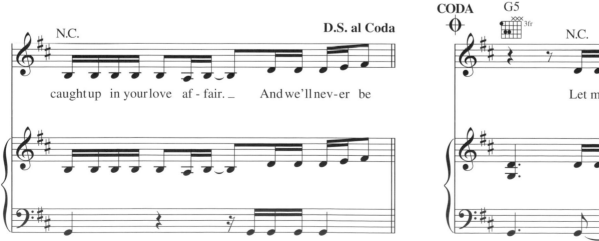

N.C.

caught up in your love af - fair. ___ And we'll nev-er be

D.S. al Coda

CODA G5

N.C.

Let me live that fan-ta-sy.

RUN

Words and Music by MATT NATHANSON,
MARK WEINBERG and KRISTIAN BUSH

Recorded a half step higher

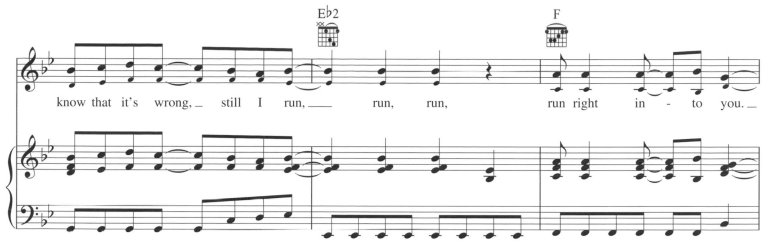

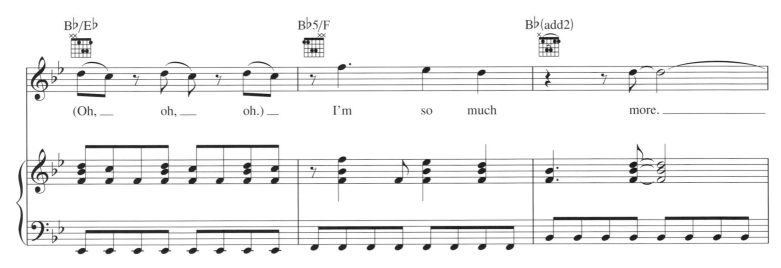

pound like thun - der, _____ and I ___
(Oh, ___ oh, ___ oh.) ___
(Oh, ___ oh, ___ oh.) ___

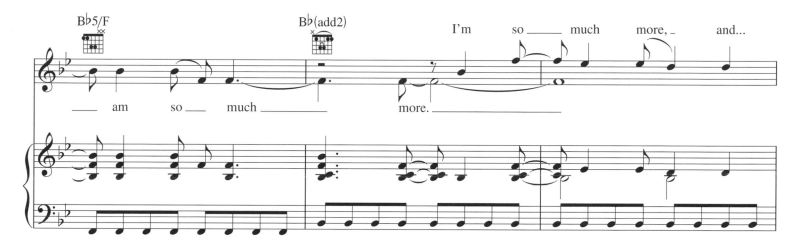

___ am so ___ much _____ more. _____
I'm so ___ much more, _ and...

Turn, turn, turn, turn-in' me on ___ like a slow ___ fire burn. I

know that it's wrong, _ still I run, ___ run, run, run right in - to you. ___

(Oh, ___ oh, ___ oh,) ___ oh, you turn, turn, turn,

turn - in' me on ___ like a slow ___ fire burn. I know that it's wrong, ___ still I run, ___

I run, ___ ___ run, run, run right in - to you. ___

I ___ run, ___

Still I run, ___ run, run, run right in - to you. ___

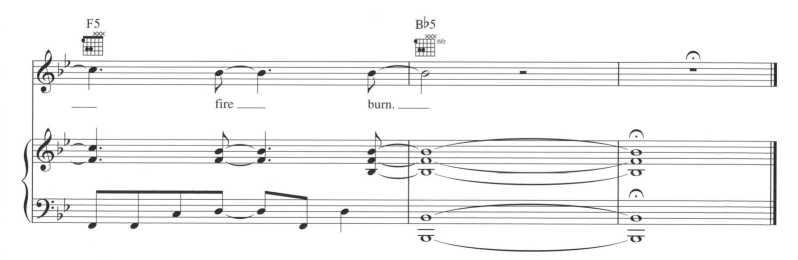

SET ME ON FIRE

Words and Music by LOUIS SCHOORL
and HAYLEY WARNER

Take me back to your ___ place, show me how to dance.
Take me in your Mus - tang, let's go cruise the streets. ___

___ Let's go watch the sun - set, me in your hands. ___
___ We'll stay young for - ev - er, 'cause love knows my

___ beat. Run - ning free ___ in the day - light, feel - ing safe ___ in the night -

Fly me on a jet ___ plane, take me to the moon.

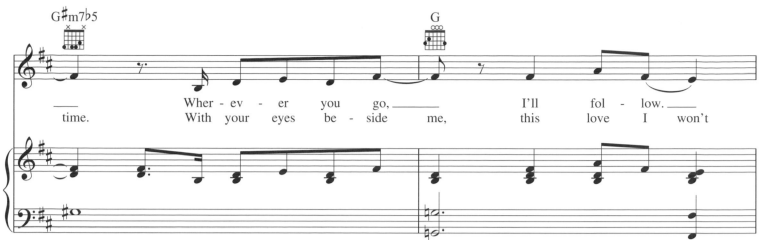

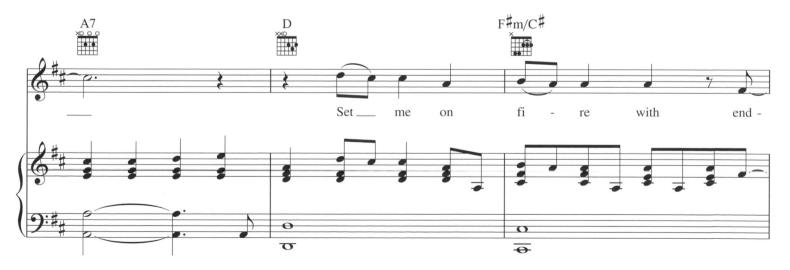

-less words to show my worth. You take me to __ a place __ I've nev-er __

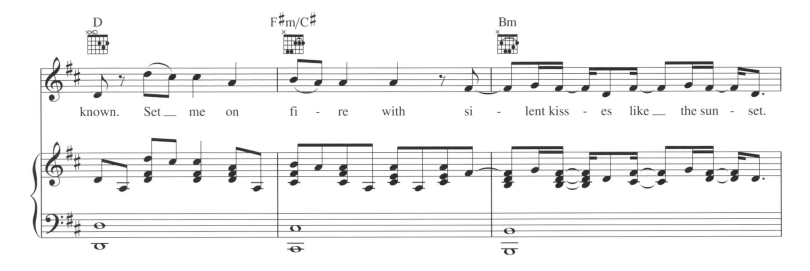

known. Set __ me on fi - re with si - lent kiss - es like __ the sun - set.

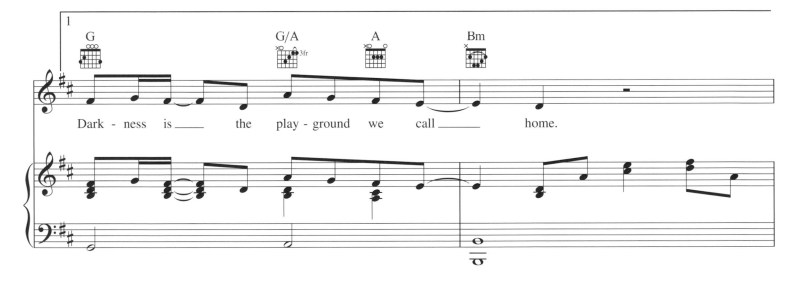

Dark - ness is ____ the play - ground we call _____ home.

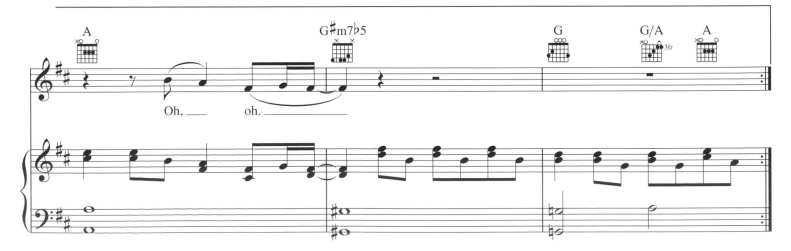

Oh, ___ oh. ____

fi - re with end - less words to show my worth. ___ You

take me to ___ a place ___ I've nev - er ___ known. Set ___ me on fi - re with si -

- lent kiss - es, like ___ the sun - set. Dark - ness is ___ the place that we call ___ home. ___

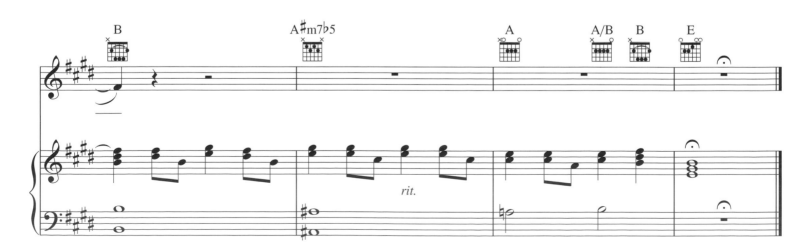

STEREO HEARTS

Words and Music by TRAVIS McCOY,
ADAM LEVINE, BRANDON LOWRY,
DANIEL OMELIO, BENJAMIN LEVIN
and AMMAR MALIK

This mel-o-dy___ was meant___ for you.___ Just sing a-long___ to my ster-e-o.

(spoken:)
Gym Class Heroes, baby. If I was just an-oth-er dust-y rec-ord on the shelf, would you blow me off and play

fif-ty-pound boom - box, would you hold me on your

me like ev-'ry-bod-y else? If I asked you to scratch my back, could you man-age that? Like it re - al, check it,

shoul-der wher-ev - er you walk? Would you turn my vol - ume up in front of the cops, and crank it high-er ev-'ry

Tra - vie, I can han-dle that. Fur-ther-more, I a-pol-o-gize for an-y skip-ping tracks. It's just the last girl that

time they told you to stop? And all I ask is that you don't get mad at me when you have to pur-chase

it beats for you, __ so lis - ten close. __ Hear my thoughts __ in ev - 'ry no - o - ote. __

Make me your ra - di-o, __ and turn me up __ when you __ feel low. __ This mel-o-dy __ was meant __ for you. __

__ Just sing a - long __ to my ster-e - o. Oh, oh, __ oh, oh, oh, __ oh.
(To my ster-e - o.)

Oh, oh, __ oh. Just sing a - long __ to my ster-e - o. __ *Let's go!* If I was an old school

(spoken:)

SKYFALL
from the Motion Picture SKYFALL

Words and Music by ADELE ADKINS
and PAUL EPWORTH

Moderately slow, mysterious

Play 3 times

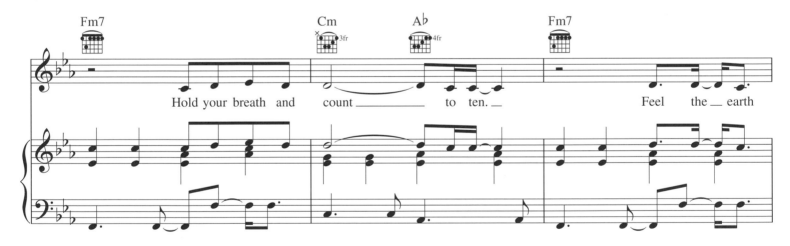

This is the end. ___

Hold your breath and count ___ to ten. ___ Feel the ___ earth

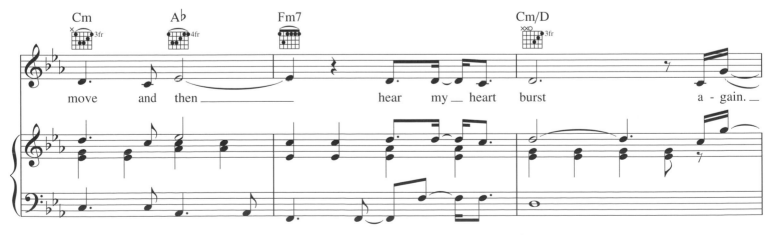

move and then ___ hear my ___ heart burst a - gain.

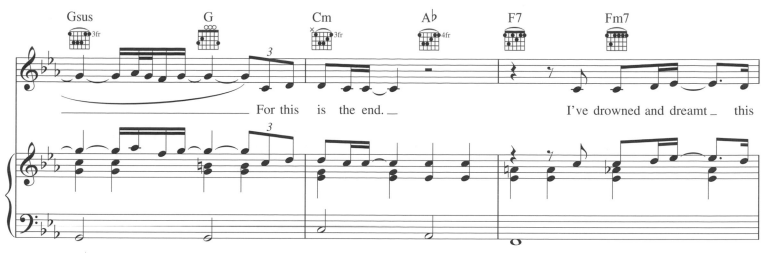

For this is the end. __ I've drowned and dreamt __ this

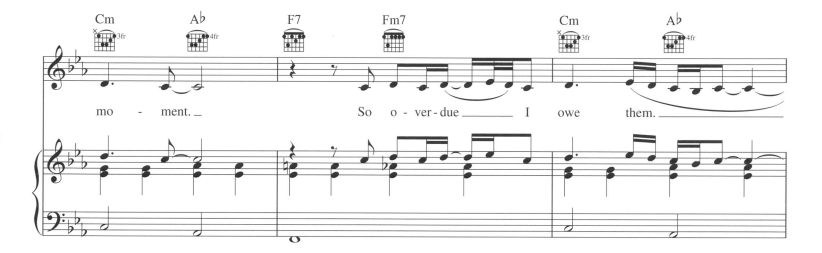

mo - ment. __ So o - ver - due _____ I owe them. _____

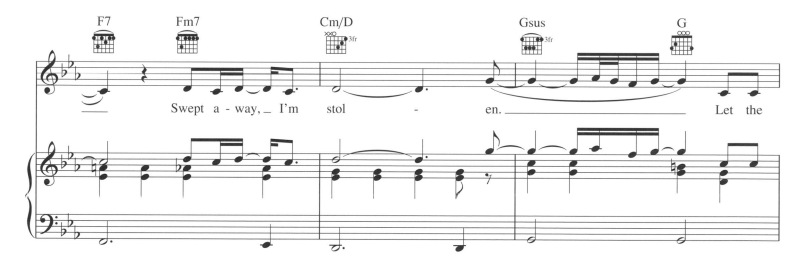

Swept a - way, _ I'm stol - en. _____ Let the

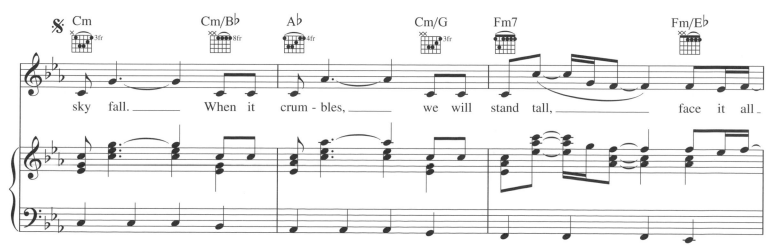

sky fall. _____ When it crum - bles, _____ we will stand tall, _____ face it all _

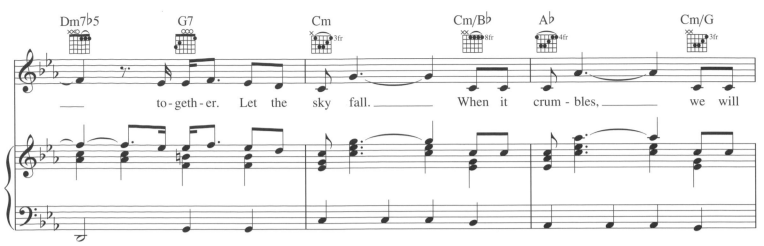

to-geth-er. Let the sky fall.___ When it crum-bles,___ we will

stand tall,___ face it all___ to-geth-er at sky-fall. At sky-

fall. Sky-fall is where _ we start,___ a thou-sand miles _ and

poles a-part.___ When worlds col-lide _ and days are dark.___ You may have my

num-ber, ___ you can take my name ___ but you'll nev-er have ___ my heart. _____ Let the

CODA

fall. Let the sky fall. When it crum-bles, we will stand tall.

Let the sky fall. When it crum-bles,

we will stand tall. Where you ___ go, I ___ go. What you see,

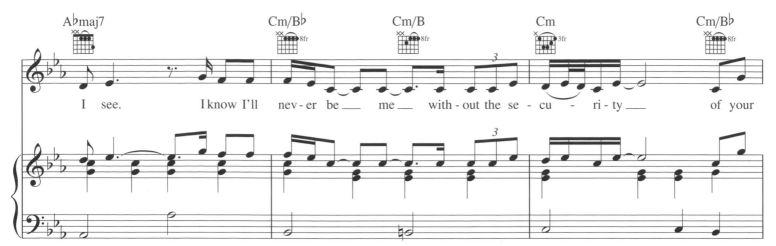

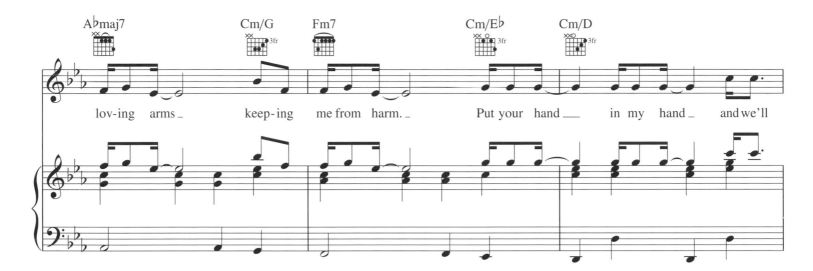

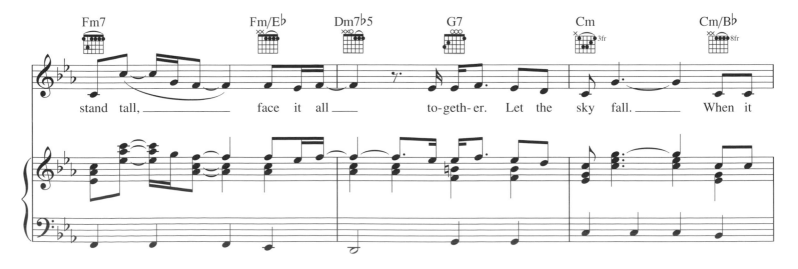

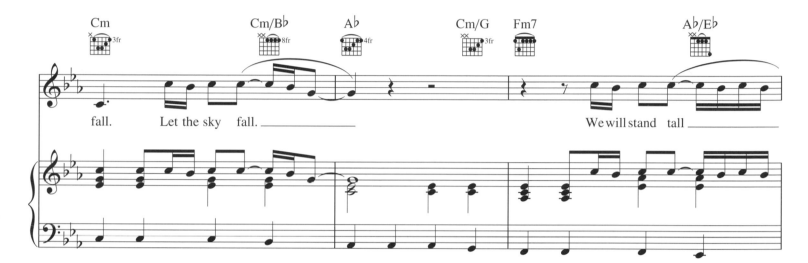

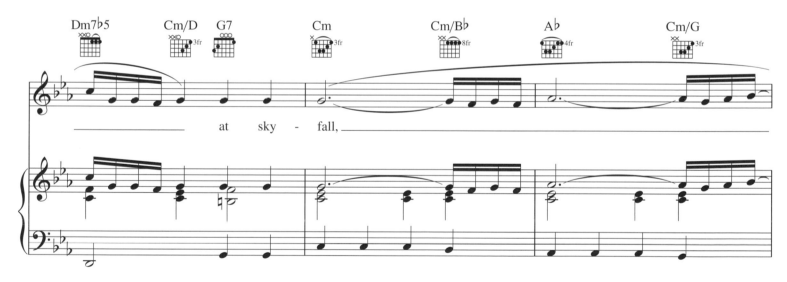

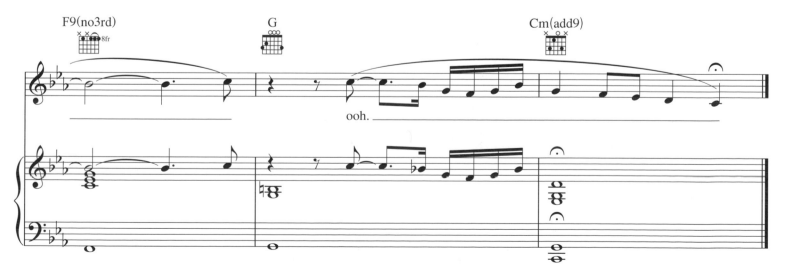

SKYSCRAPER

Words and Music by TOBY GAD,
LINDY ROBBINS and KERLI KOIV

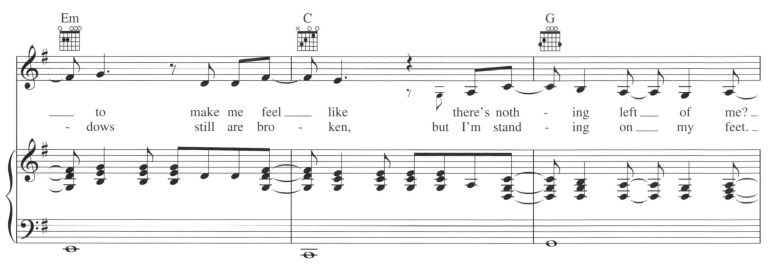

to make me feel ___ like there's noth - ing left ___ of me? ___
- dows still are bro - ken, but I'm stand - ing on ___ my feet. ___

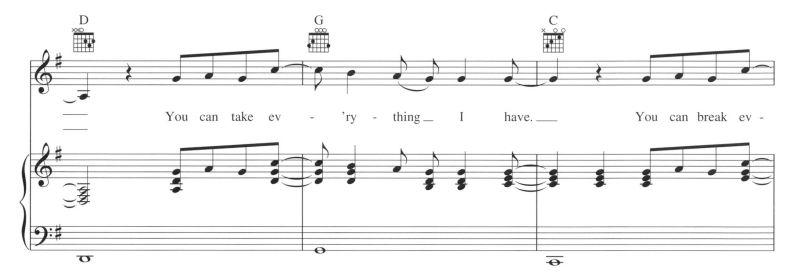

___ You can take ev - 'ry - thing ___ I have. ___ You can break ev -

- 'ry - thing ___ I am ___ like I'm made ___ of ___ glass, ___

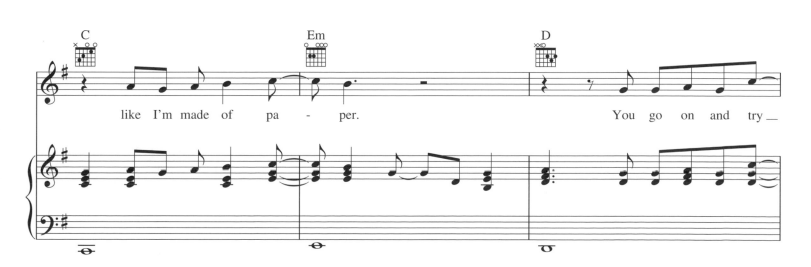

like I'm made of pa - per. You go on and try ___

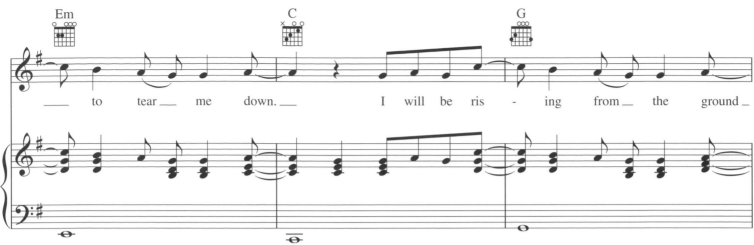

_to tear _ me down. _ I will be ris - ing from _ the ground _

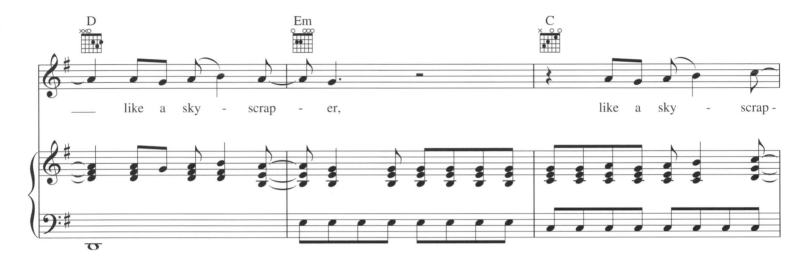

_ like a sky - scrap - er, like a sky - scrap -

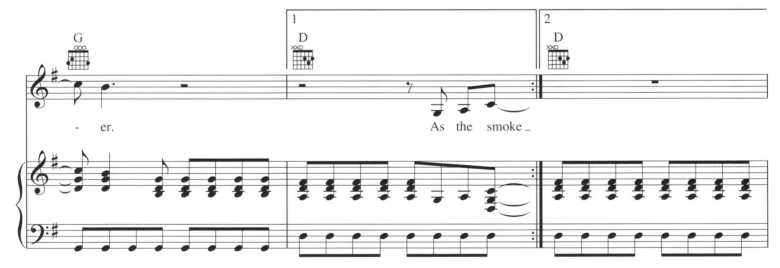

- er. As the smoke _

Go, run, _ run, run, _ I'm gon - na stay right _ here. _ Watch you dis - ap - pear, _

yeah. _____ Go, __ run, __ run, run, ___ yeah, it's a long way_ down, _

___ but I am clos-er to the clouds up __ here. __

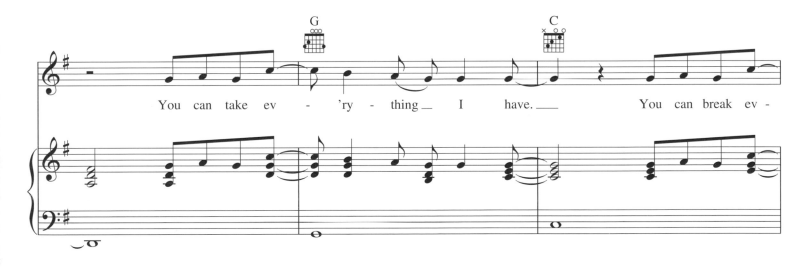

You can take ev - 'ry - thing __ I have. ___ You can break ev -

- 'ry - thing __ I am ___ like I'm made __ of __ glass, __

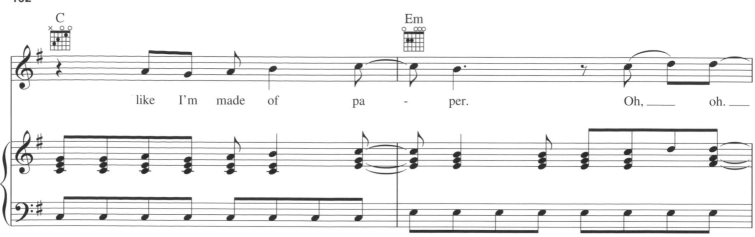

like I'm made of pa - per. Oh, _____ oh. _____

_____ Go on and try _____ to tear _____ me down, _____

_____ I will be ris - ing from _____ the ground _____

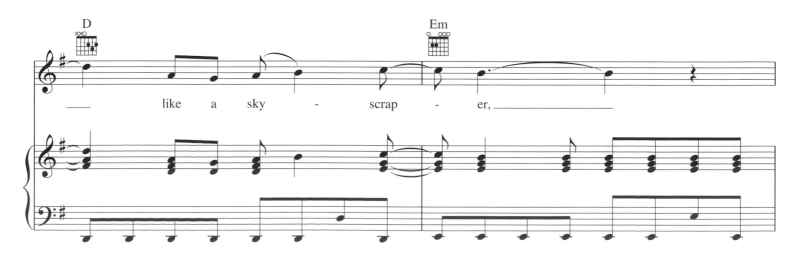

_____ like a sky - scrap - er, _____

like a sky - scrap - er. _____ (Like a sky - scrap-

- er.) Like a sky - scrap - er. _____

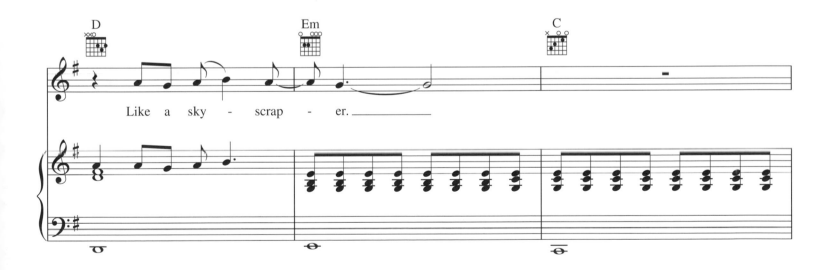

Like a sky - scrap - er. _____

SOME NIGHTS

Words and Music by JEFF BHASKER,
ANDREW DOST, JACK ANTONOFF
and NATE RUESS

Moderately, with a March feel

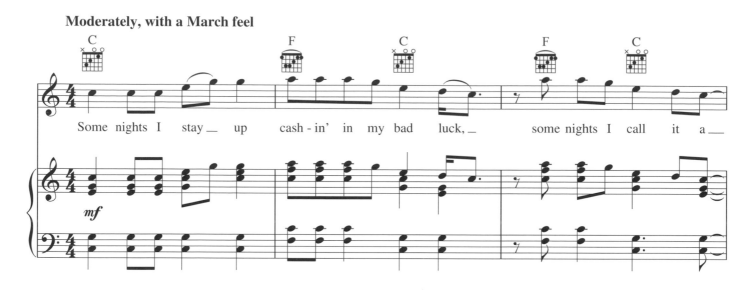

Some nights I stay __ up cash-in' in my bad luck, __ some nights I call it a __

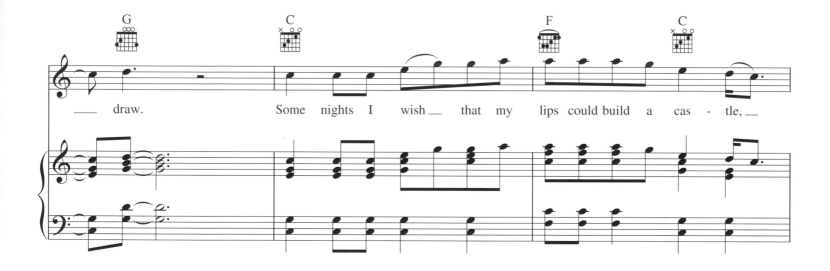

__ draw. Some nights I wish __ that my lips could build a cas - tle, __

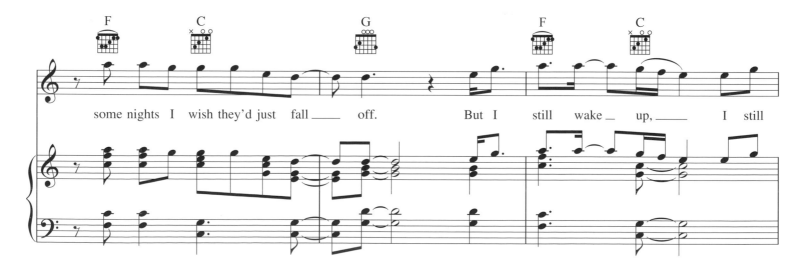

some nights I wish they'd just fall __ off. But I still wake __ up, __ I still

see your ghost. Oh Lord, I'm still not sure what I stand for, oh. Whoa,

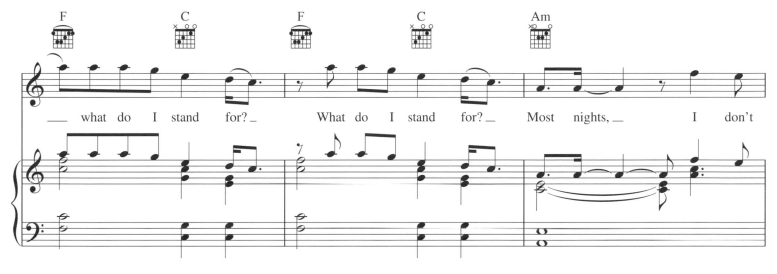

what do I stand for? What do I stand for? Most nights, I don't

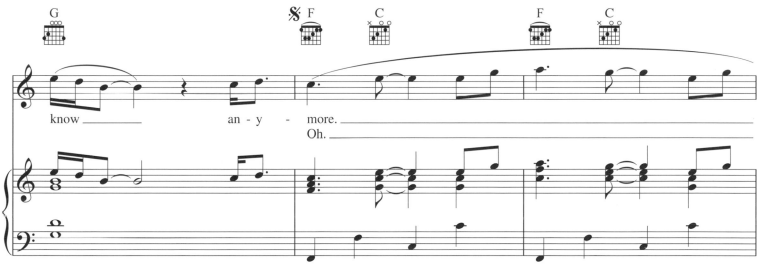

know an-y-more.

Oh.

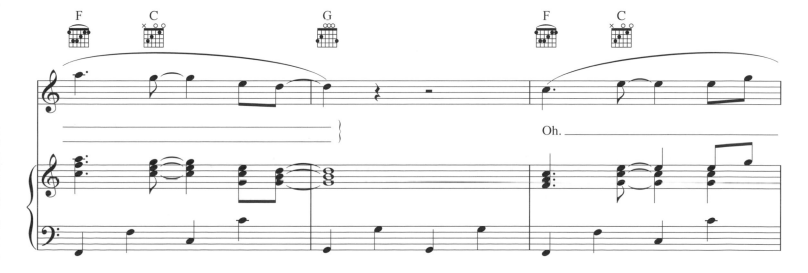

Oh.

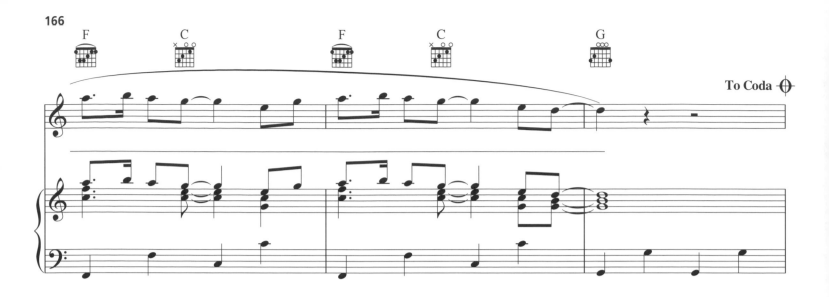

To Coda ⊕

This is it ___ boys, this is war. What __ are we wait-in' for? __ Why __ don't we break the rules al-

read - y? ___ I was nev-er one __ to be-lieve the hype, ___

save that __ for the black and white. I try twice as hard __ and I'm half as liked but

here they come a-gain to jack my style. That's __ al-right; I found a

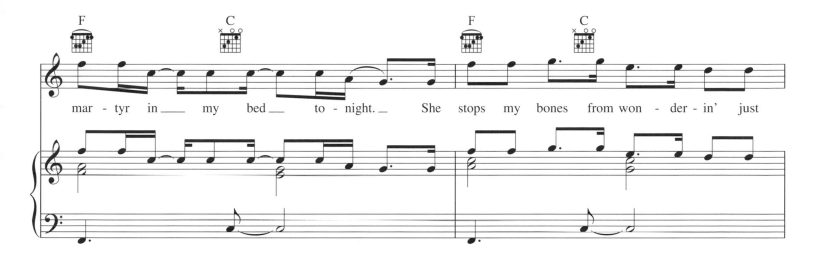

mar-tyr in __ my bed __ to-night. __ She stops my bones from won-der-in' just

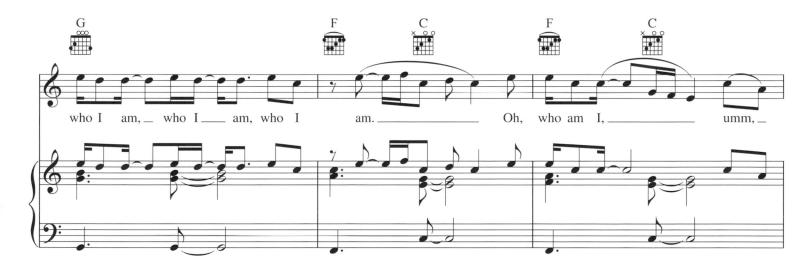

who I am, __ who I __ am, who I am. __ Oh, who am I, __ umm, __

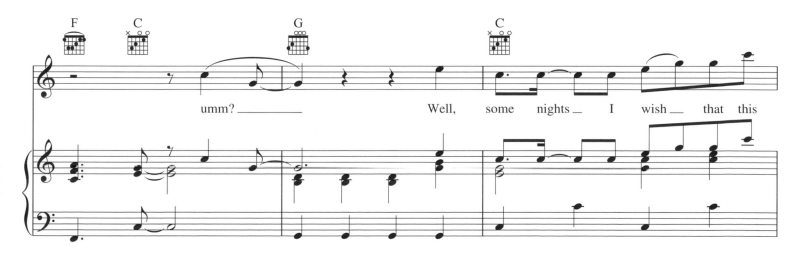

umm? __ Well, some nights __ I wish __ that this

all __ would end _____ 'cause I could use some friends __ for a _____ change. And

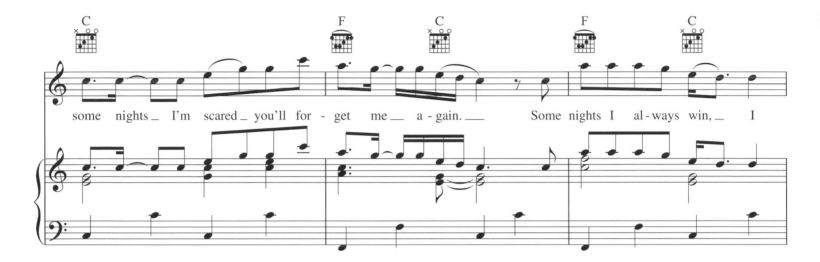

some nights __ I'm scared __ you'll for - get me __ a - gain. __ Some nights I al - ways win, __ I

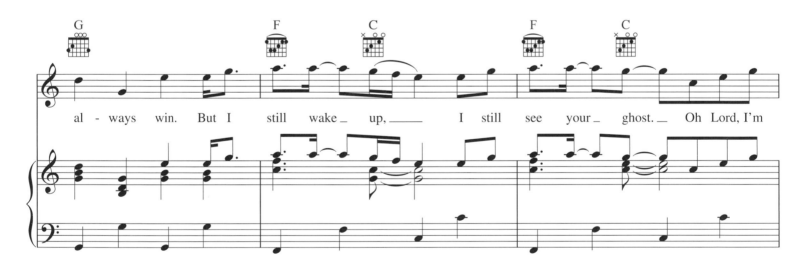

al - ways win. But I still wake __ up, _____ I still see your __ ghost. __ Oh Lord, I'm

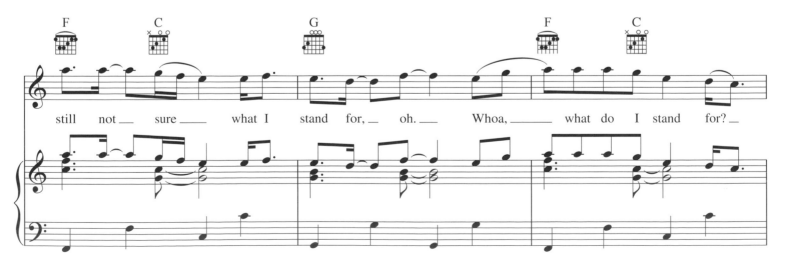

still not __ sure _____ what I stand for, __ oh. __ Whoa, _____ what do I stand for? __

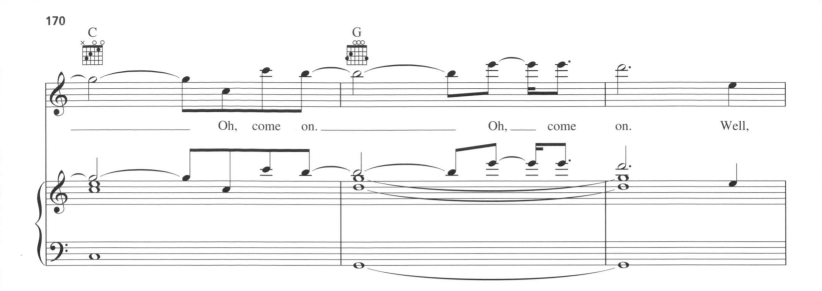

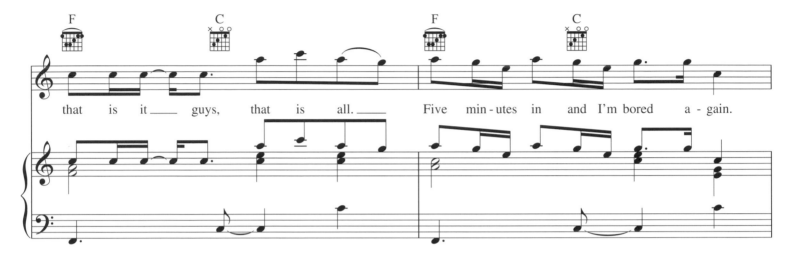

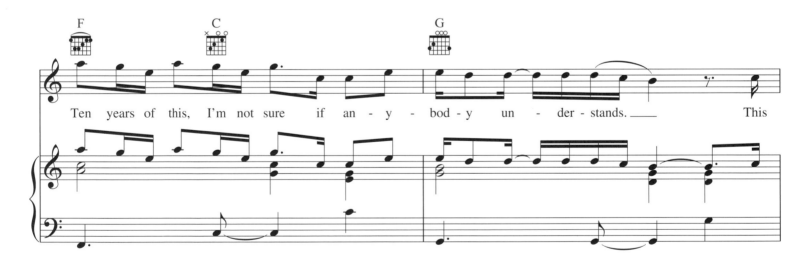

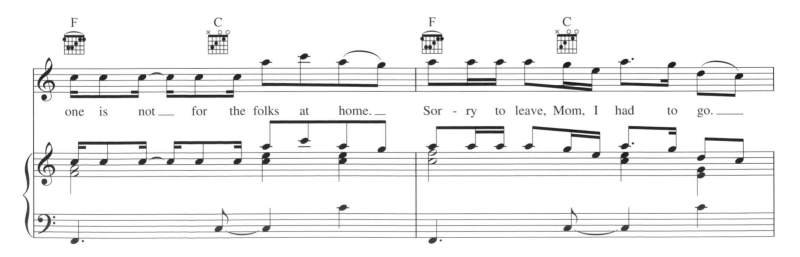

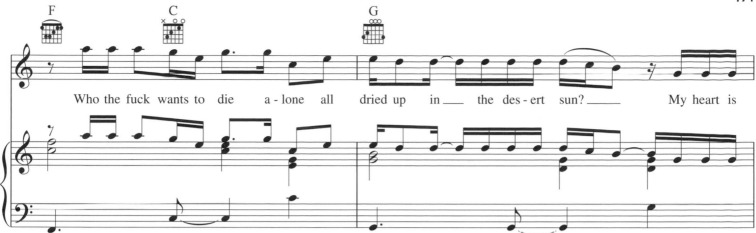

Who the fuck wants to die a - lone all dried up in ___ the des - ert sun? ___ My heart is

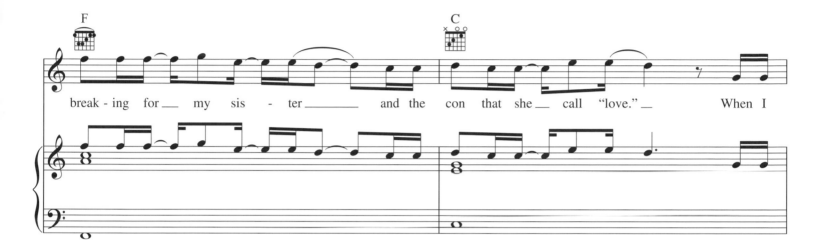

break - ing for ___ my sis - ter ___ and the con that she ___ call "love." ___ When I

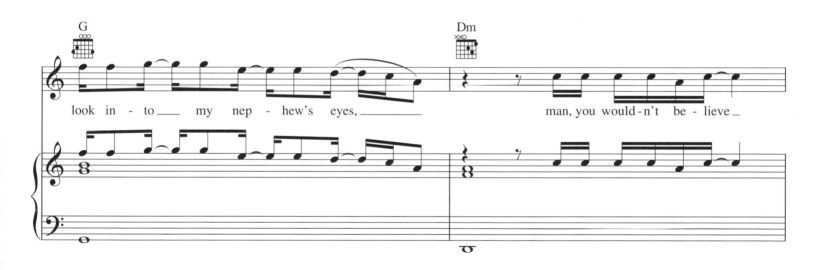

look in - to ___ my nep - hew's eyes, ___ man, you would - n't be - lieve ___

the most a - maz - ing things that can come from ___

CODA

The oth-er night you would-n't be-lieve the dream_ I just had a-bout_ you and me.

I called you up but we both a - gree.

It's for the best you did - n't lis - ten._

Repeat and Fade   **Optional Ending**

It's for the best we get_ our dis - tance,_ oh._

STAY

Words and Music by MIKKY EKKO
and JUSTIN PARKER

Moderate Ballad

All a - long __ it was a fe - ver.

A cold __ sweat, hot - head - ed be -

liev - er. I threw my

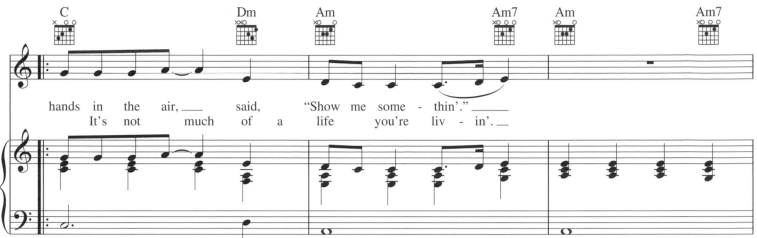

hands in the air, ____ said, "Show me some - thin'." _____
It's not much of a life you're liv - in'. ___

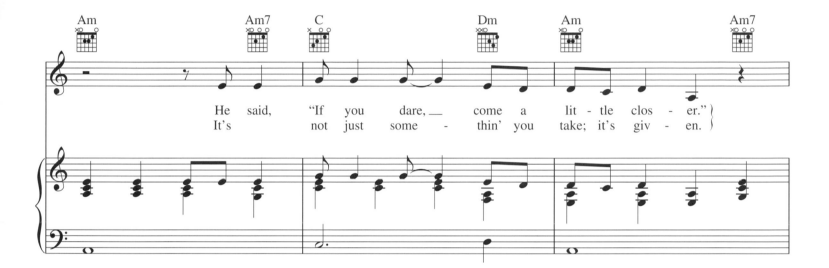

He said, "If you dare, __ come a lit - tle clos - er."
It's not just some - thin' you take; it's giv - en.

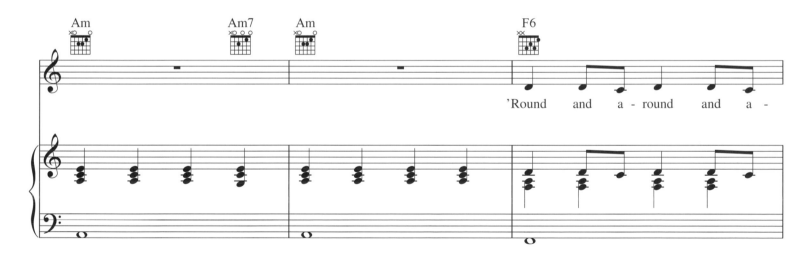

'Round and a - round and a -

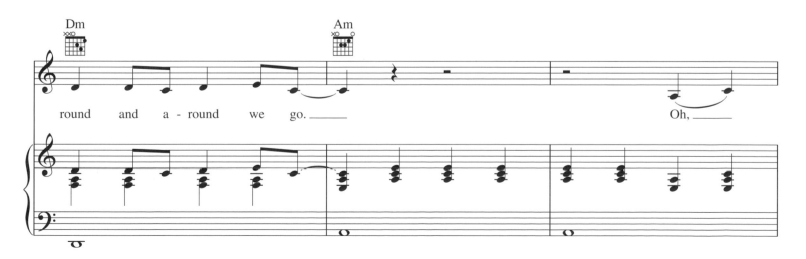

round and a - round we go. _____ Oh, _____

now, tell me now, tell me now, tell me now you know. ___

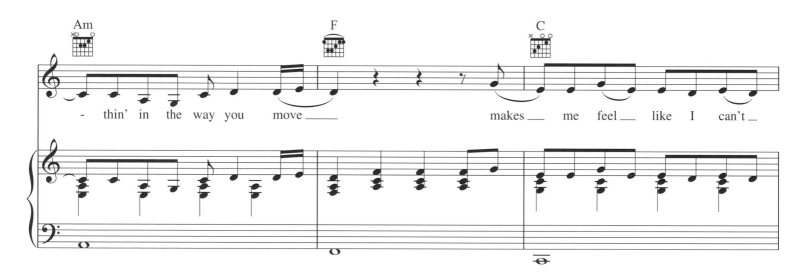

Not real - ly sure how to feel a - bout ___ it. Some -

- thin' in the way you move ___ makes ___ me feel ___ like I can't ___

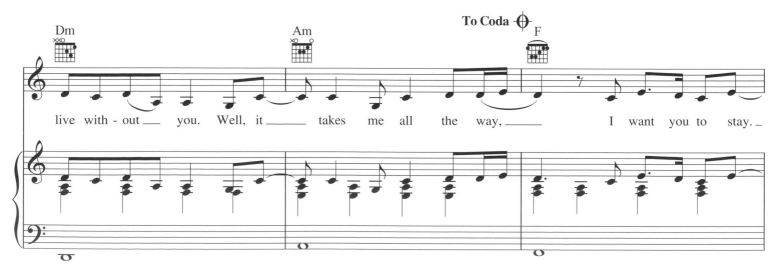

live with - out ___ you. Well, it ___ takes me all the way, ___ I want you to stay. ___

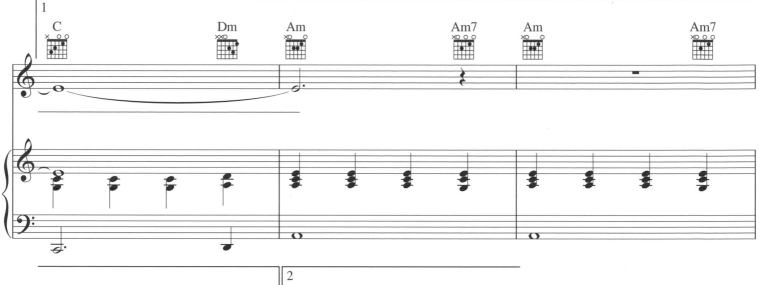

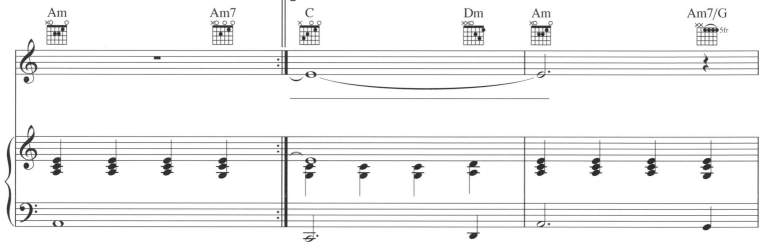

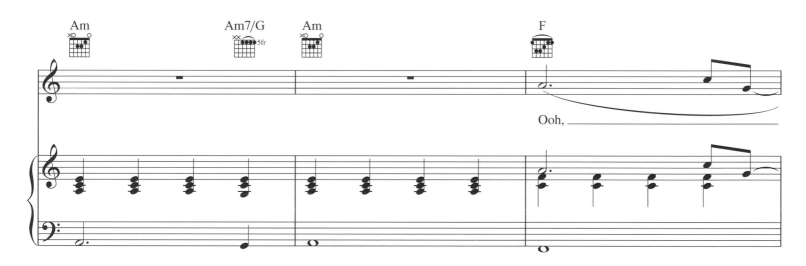

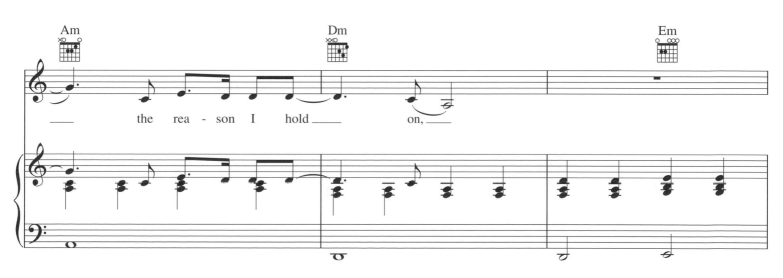

ooh, _____ 'cause I need this hole gone. ___

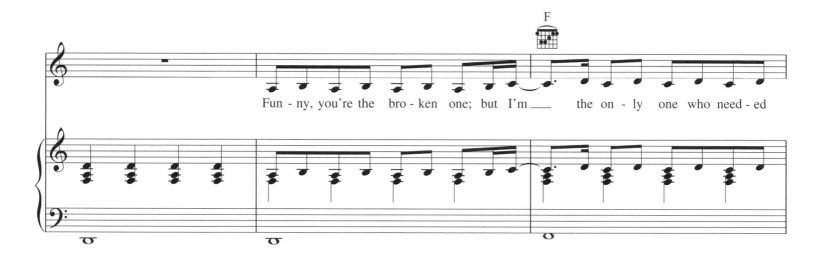

Fun - ny, you're the bro - ken one; but I'm ___ the on - ly one who need - ed

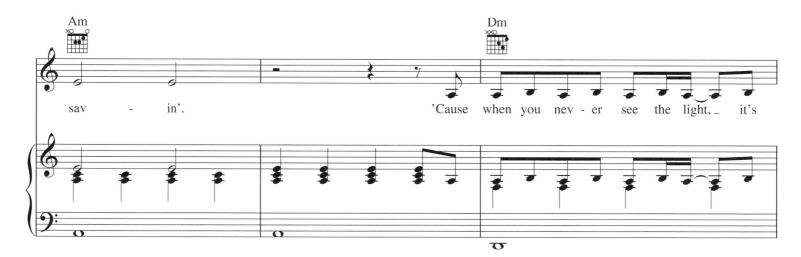

sav - in'. 'Cause when you nev - er see the light, _ it's

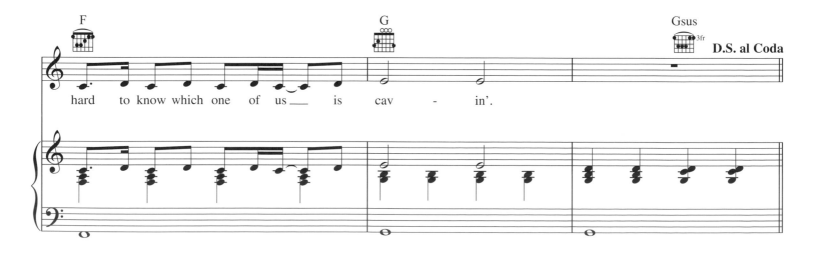

hard to know which one of us ___ is cav - in'.

D.S. al Coda

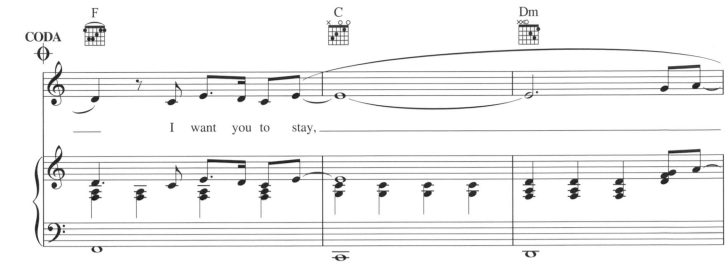

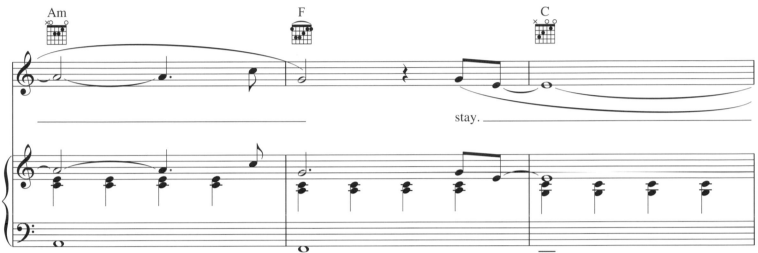

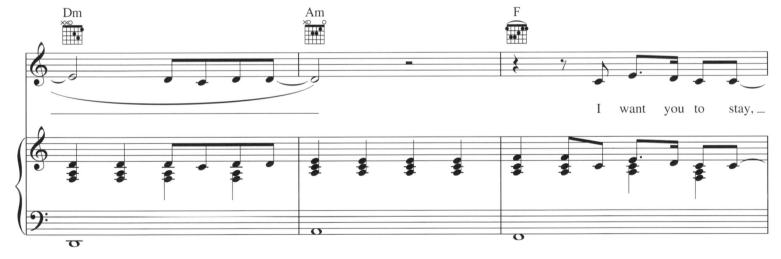

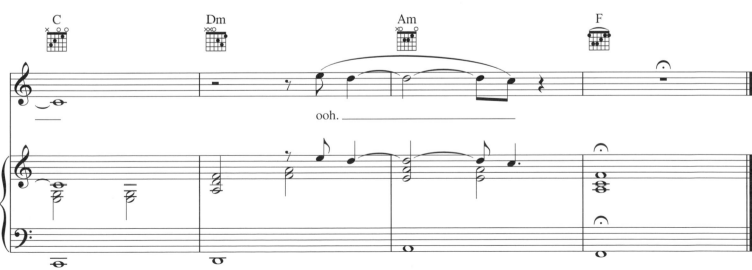

SWEET DISPOSITION

Words and Music by DOUGIE MANDAGI
and LORENZO SILLITO

Energetically

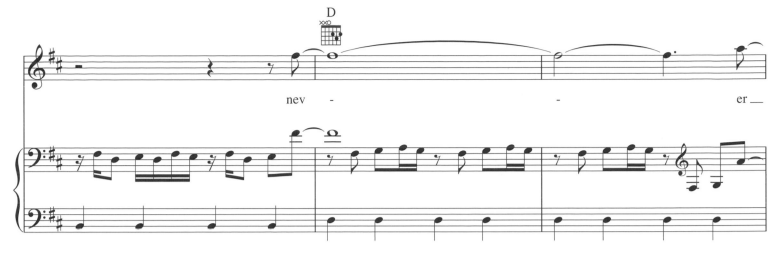

nev - - er

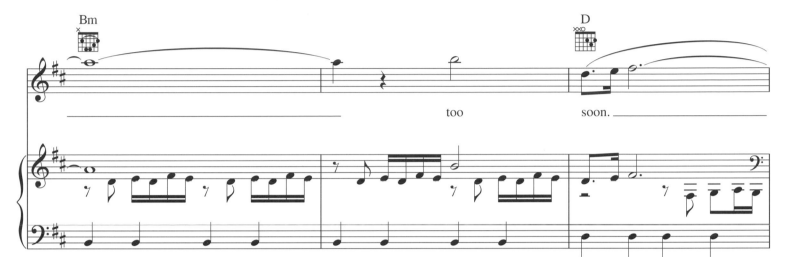

too soon.

Oh, _

reck - less

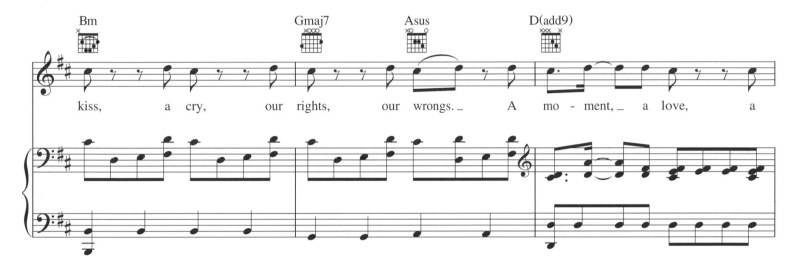

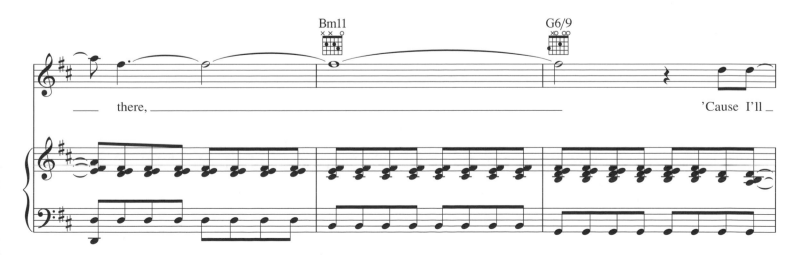

be com - in' o - ver

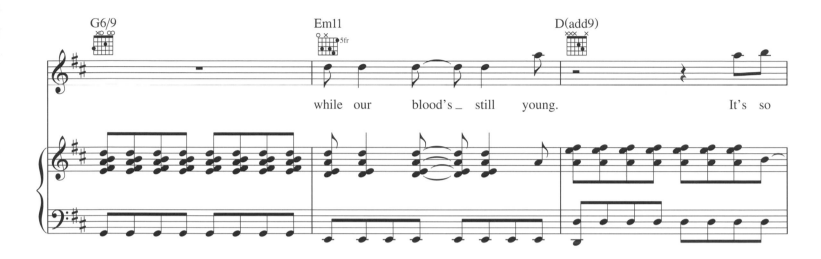

while our blood's still young. It's so

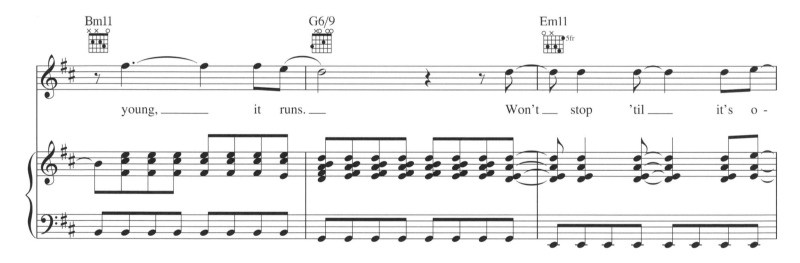

young, it runs. Won't stop 'til it's o-

To Coda ⊕

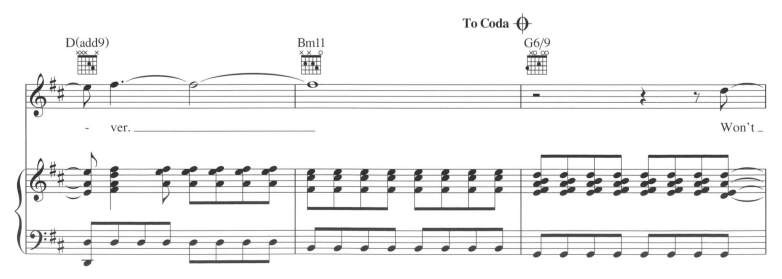

-ver. Won't

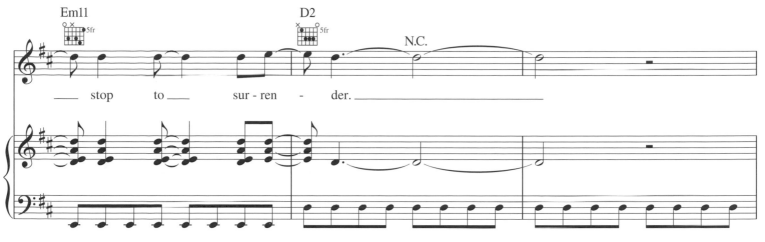

stop to sur - ren - der.

Songs

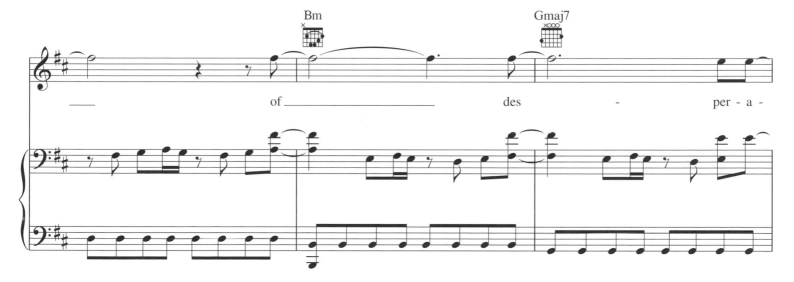

of des - per - a -

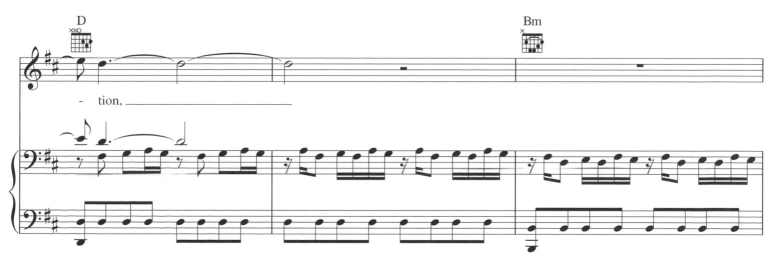

- tion,

I _____ played _

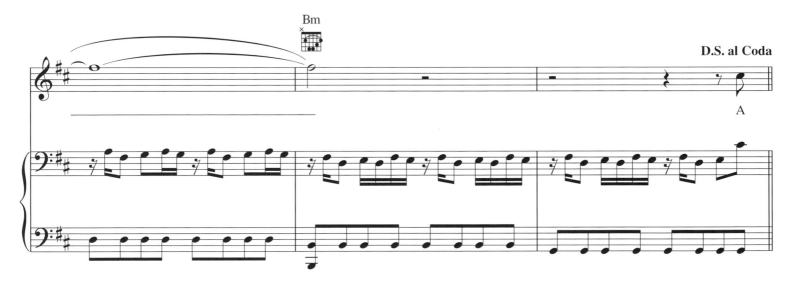

_____ them ___ for you. _____

D.S. al Coda

A

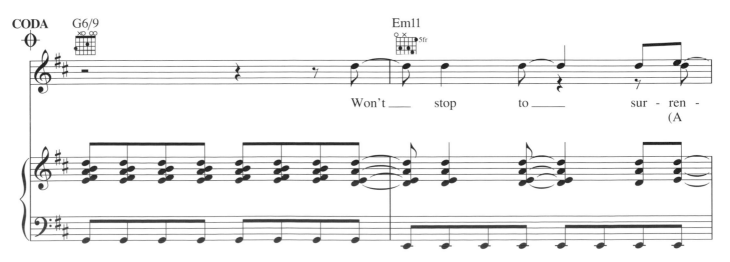

CODA

Won't ___ stop to ___ sur - ren -

(A

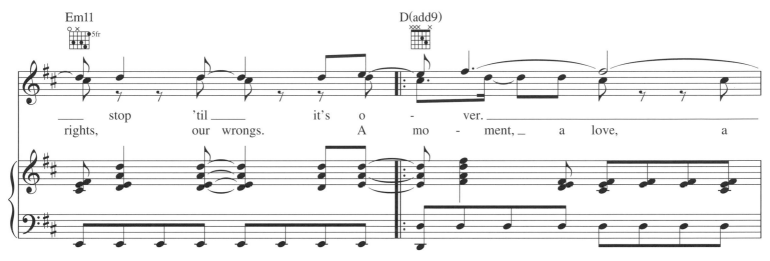

TRAVELING ALONE

Words and Music by
TIFT MERRITT

"Son, you got-ta hold your own, ___ and it's good to have a
ness ain't gon-na get you home. ___ You're bound to get a

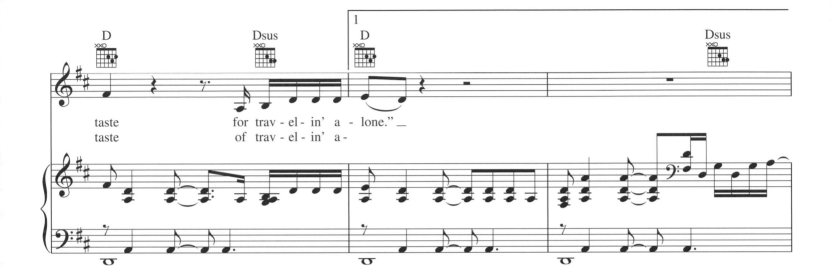

taste for trav-el-in' a-lone." __
taste of trav-el-in' a-

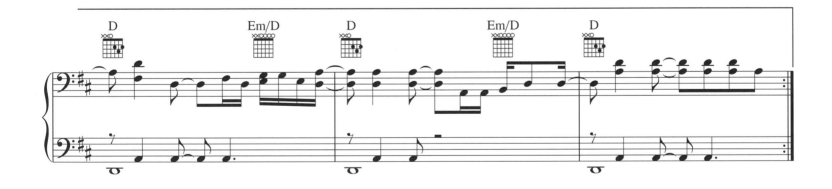

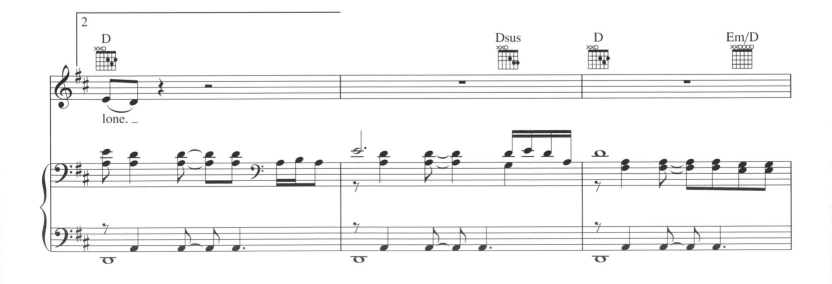

lone. __

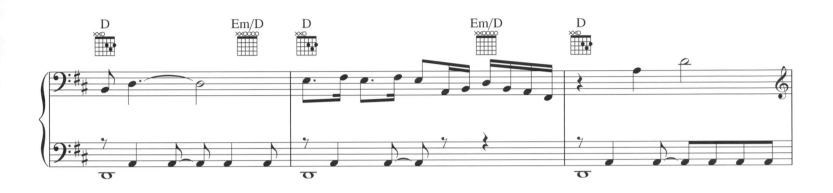

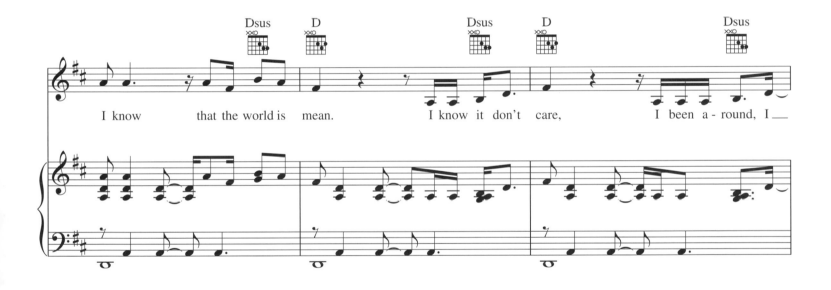

I know that the world is mean. I know it don't care, I been a-round, I

___ seen. It's like a pret-ty girl ___ don't e-ven know. I guess ev-'ry-bod-y

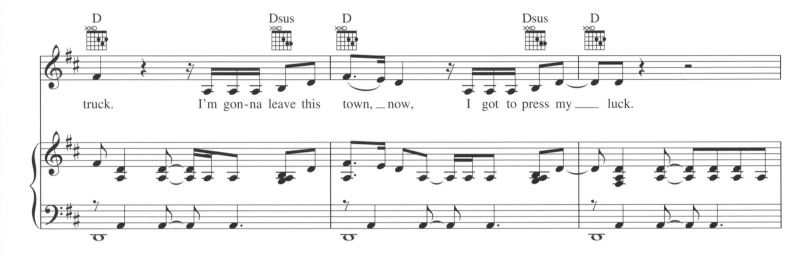

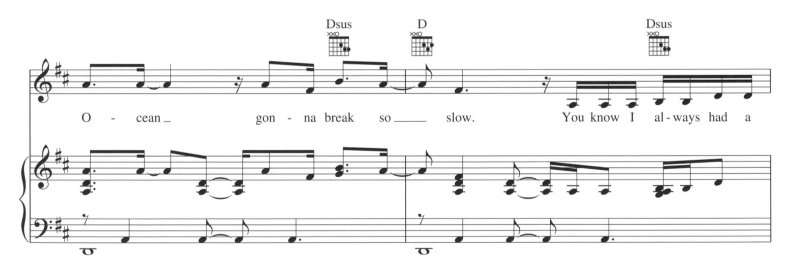

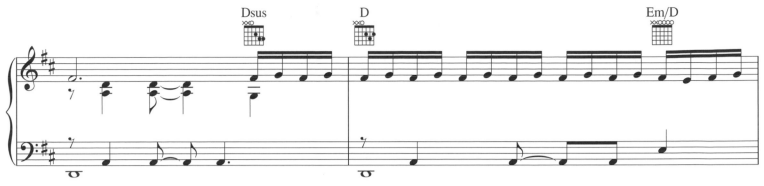

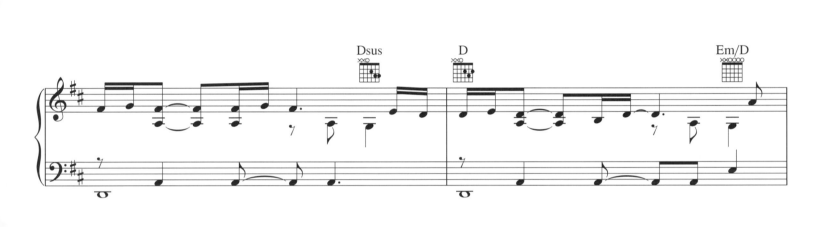

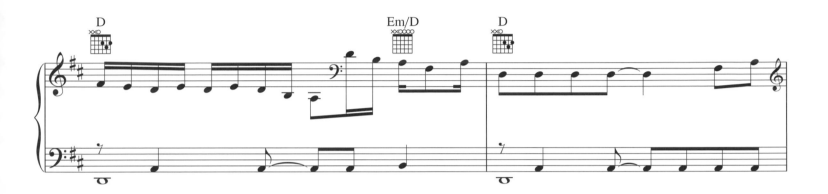

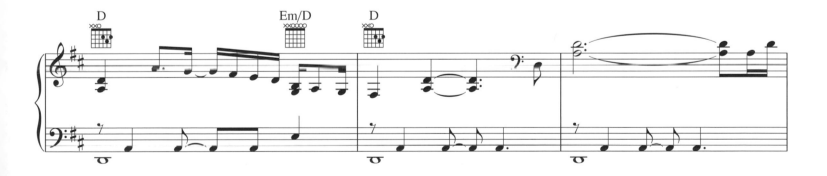

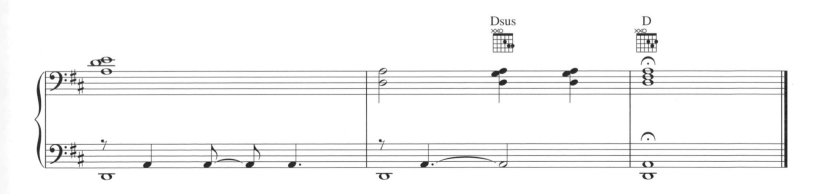

TITANIUM

Words and Music by DAVID GUETTA,
SIA FURLER, GIORGIO TUINFORT
and NIK VAN DE WALL

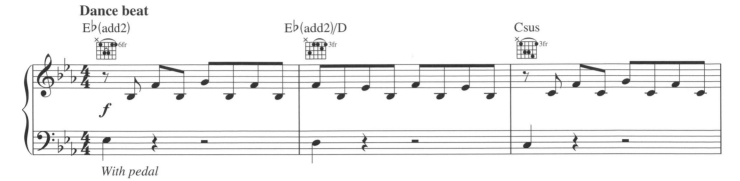

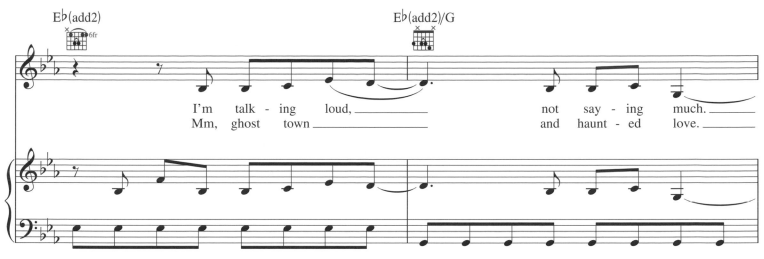

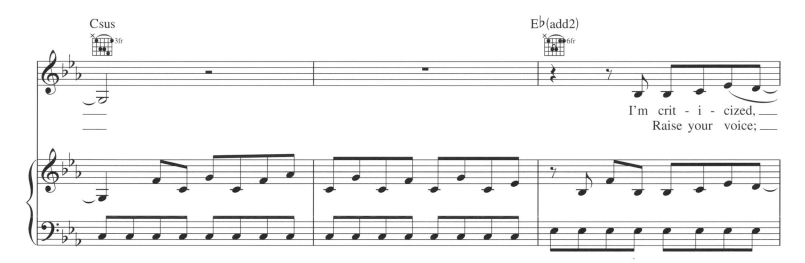

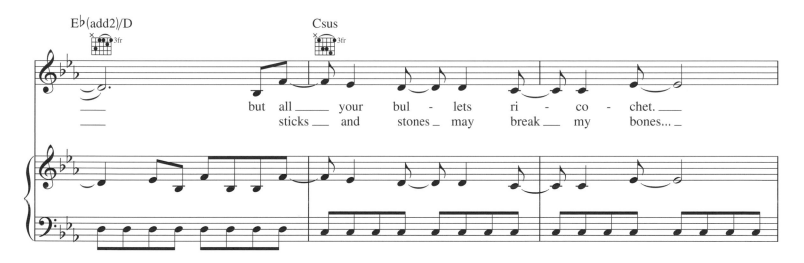

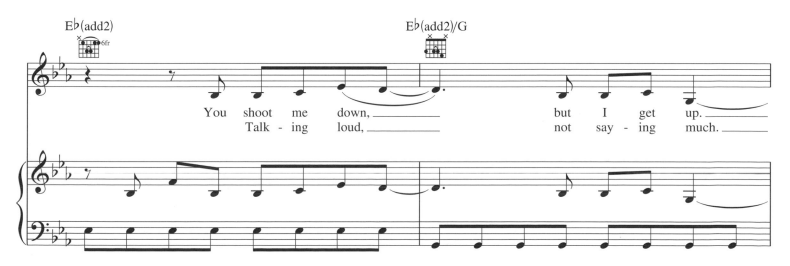

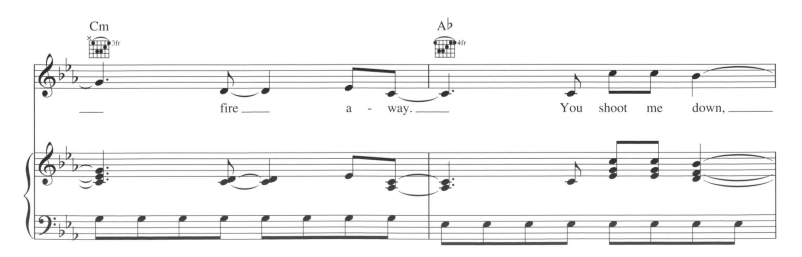

but I won't fall; _____ I am ti - ta - ni - um.

_____ You shoot me down, _____ but I won't fall; _____ I am ti - ta -

- ni - um. _____

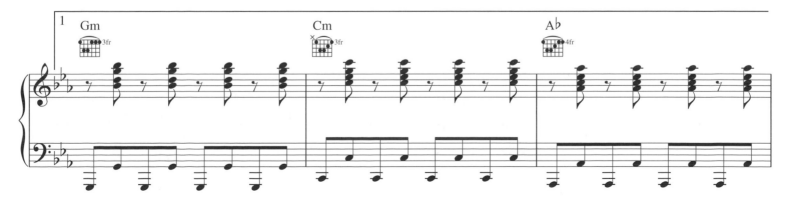

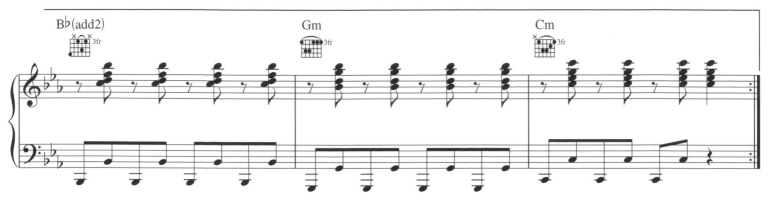

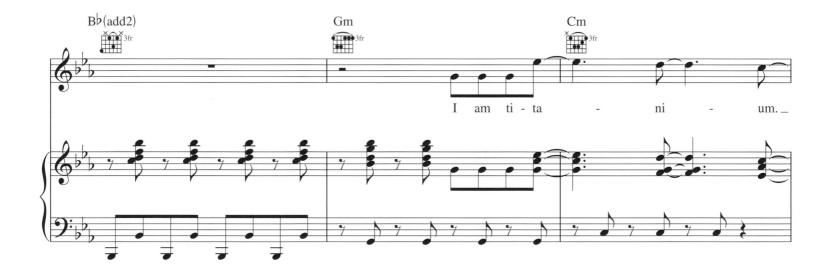

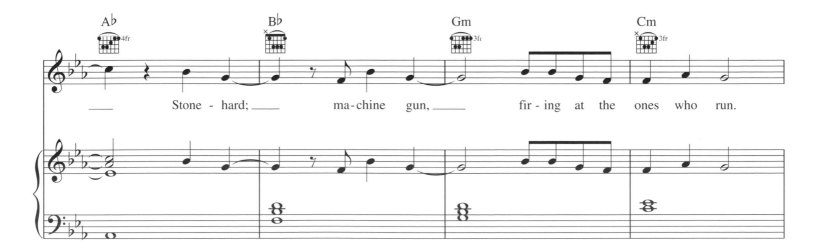

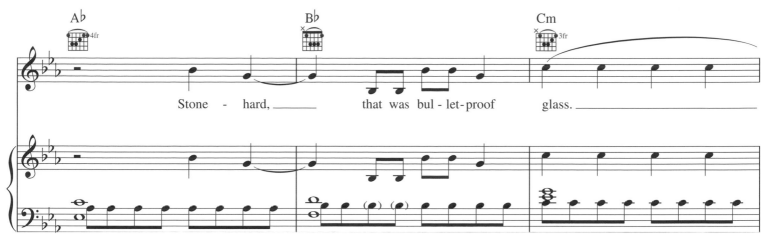

Stone - hard, _____ that was bul - let-proof glass. _____

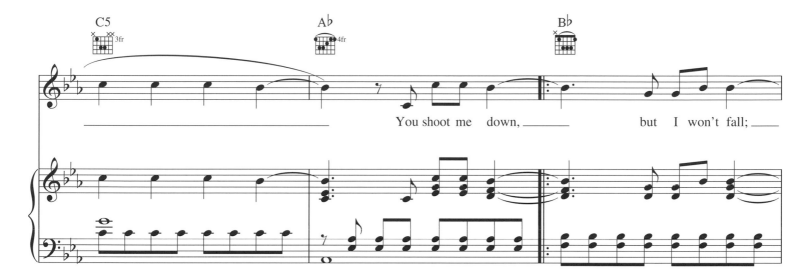

_____ You shoot me down, _____ but I won't fall; _____

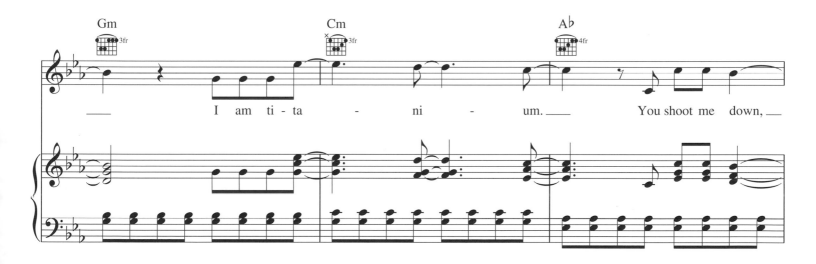

_____ I am ti - ta - ni - um. _____ You shoot me down, _____

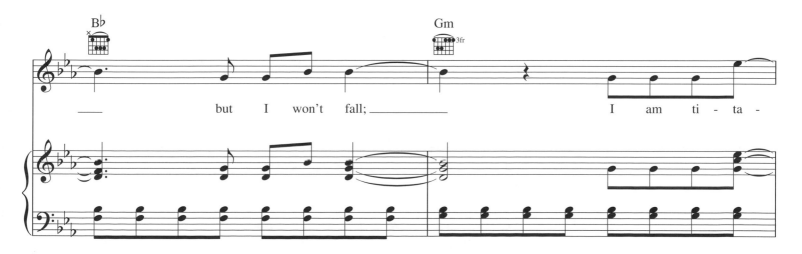

_____ but I won't fall; _____ I am ti - ta -

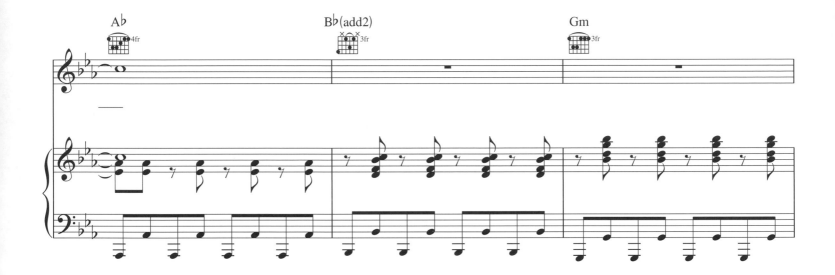

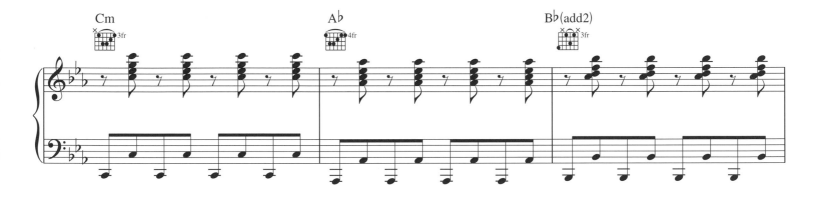

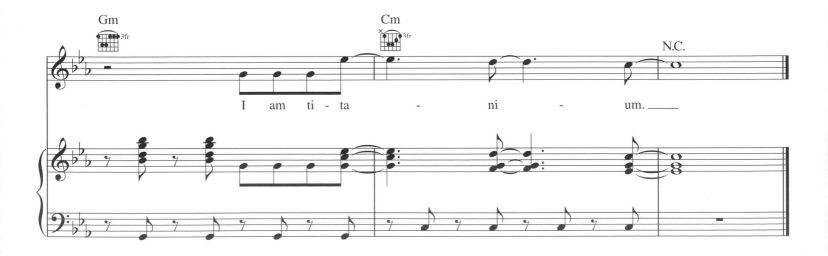